思春期の子どもたちに
「性の学び」を届けたい!

『国際セクシュアリティ教育ガイダンス』を活かす

実践 包括的性教育

どう語り、
どう伝えるか

樋上典子
艮　香織
田代美江子
渡辺大輔

はじめに

本書は公立中学校で目の前の子どもの現状を踏まえながら、現場の教員と研究者がともに 12 年間かけて検証し、発展させてきた授業実践をまとめたものです。

子どもたちが将来への生きる希望をもち、幸せになってほしい。そんな願いを実現させるために「科学と人権」を基盤とした「性の学び（性の学習）」に取り組んできました。

友だちの意見を聞き自分の気持ちを表現できる、多くの仲間が集う学校はまさに、「関係性」を学べる大切な「場」です。そこで行われる「性の学び」の中で、子どもたちはおとなのメッセージ以上に友だちの言葉に耳を傾け、共感し話し合いながら、自分自身を変容させていきます。その様子は、子どもたちの感想などから垣間見ることができます。

学校には担任、副担任、部活の顧問、養護教諭、スクールカウンセラーなどいろいろな立場のおとながいます。性についての 10 代の不安や悩みは尽きません。学校全体で、多くの教員が性教育に協働で取り組むことは、子どもにとって「相談できるおとな」が増えるということです。それは、子どもたちにとっての「安心」につながります。

授業づくりを通して生涯にわたる性を多面的にとらえ、自分と他者がともに生きることを考える「包括的性教育」が、子どもたちにとって大きな励ましにつながり、子どもを大切にする学校づくりにつながるということを確信しています。そこで多くの方に実践していただきたいと思い、本書を編纂しました。

本書はユネスコなどが 2018 年に発行した『国際セクシュアリティ教育ガイダンス【改訂版】』（日本語訳版、明石書店、2020）が推奨する包括的セクシュアリティ教育を目指しながら実践してきたものですが、あくまでもこの実践は公立中学校という場で行われ、発展途上で完成版ではありません。この実践本が、皆さんの目の前にいる子ども・若者たちにとって、より必要な「性の学習」づくりの一助となれば幸いです。

目次

この実践について
「性の学習」を実践するうえで大切にしたいこと

(1)「性の学習」のねらい

① 性について科学的に知る。

② 性について率直に話し合い、自己のニーズを主張し、相談できる。

③ 正確な情報と支援に基づいた性行動を選択し、関係性をつくる。

④「性の学習」が人権の保障につながることを理解する。

(2) 教育課程の中に位置づけ授業のつながりを考える

本書で紹介する授業実践は、性教育を人権教育として教育課程の中に位置づけ(*)(p.12 参照)、3年間の学びの積み重ねを大切にしてきました。3 年間を見据え、全教職員で協力しながら計画的に性教育を実施することで、子どもの変容といった確かな教育成果が期待されます。各校での子どもの課題や実態に応じて授業計画を考えていくこと、小学校での学びを土台にしながら、そして他教科とのつながりを意識しながら学習の内容を検討していくことが必要です。

子どもたちにとって重要だと考えた内容を次のページの〔表 1〕のように吟味し、「特別活動」の「学級活動」、「特別の教科 道徳」の領域に位置づけました。

「学級活動」の時間を使って授業を実施する際には、「学習指導要領」の**「(2) 日常の生活や学習への適応と自己の成長及び健康安全」**のうち、**「ウ　思春期の不安や悩みの解決、性的な発達への対応」**に位置づけて実施しています。

また、「特別の教科 道徳」の時間を使って実施する際には、「学習指導要領」の**「B　主として人との関わりに関すること」**のうち、**「相互理解・寛容」**に位置づけて実施しています。

〔表 2〕は、筆者(樋上)が保健体育科担当だったということもあり、保健体育科の保健分野で扱った授業です。より深く学習するために、「特別活動」の領域の中で、保健指導として行うことも可能です。

授業の流れは、子どもたちの発達課題と「保健体育科」の授業計画をすり合わせ、以下の順番で実施してきました。順序の入れ替えは可能ですが、それぞれの授業のつながりを大切にしながら進めることが必要です。

〔表 1〕特別活動、特別の教科 道徳の時間で実施した授業項目

該当する章	授業名	学年	領域	時数
実践 1	生命誕生	1 学年	学級活動	1
実践 5	「女らしさ・男らしさ」を考える		道徳	1
実践 7	多様な性	2 学年	学級活動	2
実践 9	避妊と人工妊娠中絶	3 学年	学級活動	1
実践 10	恋愛とデート DV		学級活動	2

〔表 2〕保健体育科の時間で実施した授業項目

該当する章	授業名	学年	領域	時数
実践 2	性機能の発達	1 学年	保健体育	1
実践 3	月経		保健体育	1
実践 4	射精		保健体育	1
実践 6	性と情報		保健体育	1
実践 8	性感染症の予防	3 学年	保健体育	2

授業の実施順

性機能の発達 ⇒ 月経 ⇒ 射精 ⇒ 性と情報 ⇒ 生命誕生 ⇒「女らしさ・男らしさ」を考える ⇒ 多様な性 ⇒ 性感染症の予防 ⇒ 避妊と人工妊娠中絶 ⇒ 恋愛とデート DV

(3) 子どもの実態やニーズをとらえ、授業内容を更新する

授業は子どもの実態を踏まえてその内容が組み立てられます。本実践は授業の前後に生徒の理解度を確かめるアンケートを実施し、授業の流れの中での子どもの食いつき方、授業後の感想や意見を検証しながら、子どもが求めているものは何であるかを探り、授業改善を繰り返してきました。また、中学生はからだやこころの発達、そして性への関心には個人差があります。そのような集団の中で、性について「自分事として考えていく」ためにはどうしたらよいのか、特にグループワークの内容や方法については多くの時間を費やし、議論をしてきました。子どもの課題や実態に応じて、子どもたちの様子を見て、より良い授業をつくり上げてほしいと思います。

また、授業を評価するのは子どもです。特に実践 3 の「多様な性」の授業終了後には、10 人ほどの生徒から授業についての意見を出してもらう「ダメ出し」の機会をつくり、より良い授業づくりのために生徒からたくさんのヒントをもらいました。

(4) 科学的に、ポジティブに性を伝える

事前アンケートで「性」についてのイメージを聞くと、多くの子どもが「エッチなこと」「いやらしいこと」「はずかしいこと」とネガティブにとらえています。性に関する情報は友だち、先輩、インターネットが主な入手ルートのため、性についての正しい情報を得ているとは言い難い状況です。

授業の始まりではクスクス、にやにやする生徒、そして恥ずかしそうに下を向く生徒がいます。

だからこそ、性への関心をもつのは当然だと授業者が伝えることが重要なポイントとなります。そして、科学的に、ポジティブに性を伝えていくことで、子どもたちは次第に「これは大切なこと」として性を受けとめ、真剣に授業に参加してきます。ごまかしたり、あいまいにしたりせず、子どもの興味に対して正面から語る教員への信頼感が生まれ、関係性も変わってきます。

しかし、性教育をやる際、どんな伝え方をしたらよいか、難しさを感じることもあるでしょう。

本書の「肝」は、各実践の授業の流れの「生徒とのやり取り」です。教員の発問に対してどんな子どもの答えが返ってくるか、実際にあった言葉をできるだけたくさん入れ込みました。もちろん、子どもですからストレートな「マイナス発言」もあります。しかし、それをどう教員が拾い上げ、全体に返していくかは授業を進めるうえでのおもしろさでもあります。ぜひ、授業づくりの参考にしていただき、あなたの言葉で子どもたちに語りかけてみてください。

実践をするまで、今、そしてこれから

(1) 性教育との出会いと、「性教育バッシング」

「いのちってどこにある？」、性教育の授業開きに子どもたちに問います。「いのち」は「からだ」そのものです。からだのしくみ、科学的な働きを伝えるだけで子どもたちは通常の授業では見せない表情をします。「性の学び」によってネガティブなイメージをもっていた子どもたちが変容する姿をたくさん見ることに「生きがい」を感じて30年以上。私は性教育の魅力に吸い込まれていきました。

新規採用で知的障がいの都立養護学校（現特別支援学校）に着任しました。ある日、クラスの自閉傾向の女子生徒が性的暴行を受ける事件が発覚しました。警察へ一緒に同行し、事情を聴きました。しかし、その生徒は自分のからだに何が起こったのか、全く答えることができませんでした。特に尿道と性器、肛門の違い、プライベートパーツの意味も全く理解していませんでした。もし、彼女がそれらのことを認識していたら、事件を回避することができたのではないか。生徒が自分のからだを守るためには性教育が絶対に必要であると強く感じました。その事件を機に、養護学校で仲間と性教育に取り組み始め、たくさんの研究会に参加しました。特に“人間と性”教育研究協議会での学びは自分自身の生き方が変わるほど魅力的であり、私は性教育の虜となっていきました。

9年間養護学校に勤めた後、足立区内の中学校の通常学級へ転勤しました。子ども同士の関わりの中で、いろいろなトラブルが発生します。特に人のからだを馬鹿にし、卑猥な言葉によって仲間の関心を引こうとする行動が多く見られました。私自身、保健体育科の教員であったため、まず、保健分野の「からだの学習」に力を入れて授業を行いました。また、卒業生から性感染症や意図しない妊娠の相談があり、必要性を感じ、卒業間際に学級活動で「避妊や中絶」についての知識も取り入れながら、授業を進めていきました。

そんな矢先、2003年に「都立七生養護学校事件」が起こりました。子どもたちの発達要求を大切にした都立七生養護学校（現七生特別支援学校）の性教育実践「こころとからだの学習」に対して、都議会議員、一部のマスメディアによる攻撃がなされました。これは、学校現場の実践への政治的介入です。これによって、私も思うように性教育の実践を進められなくなりました。私自身も教育委員会から「過激な性教育」をしないよう「指導」を受けました。その中で話題となったのが「性交」を教えることの是非でした。

保健体育の教科書には「性感染症はコンドームによって予防できる」と記載されています。「性交を教えないで、どうやってコンドームの有効性を理解させるのか教えてほしい」と指導主事に詰め寄ったこともありました。「図示をしないで」という解答があり、言葉で伝えるようにしてきました。

「性交」については「語りにくい」ところかもしれません。しかし、授業の流れの中で率直に語れば、子どもは自然に受けとめ、納得します。おとなの側が「しっかり科学的に学んでほしい」という思いで授業を行えば、「大切なこと」と理解することができます。そもそも「性交」を理解させずに「性感染症の予防」「意図しない妊娠の防止」「性暴力の回避」につなげていくことは不可能ではないでしょうか。生徒のニーズに応じ、生徒と本音で語り合ことが必要であると思うのであれば、ごまかしたり、あいまいにしたりするべきではありません。自分のからだについて知ること、その知識によって自分のからだを守ることは生きていく上での当然の権利です。

七生養護学校の性教育をめぐる事件の後、性教育は衰退し、活発に行われていた区内の性教育に関する委員会はなくなり、そして一緒に性教育に取り組んでいた多くの仲間の気持ちは萎えていきました。私自身も正直、苦しかったです。しかし、目の前にいる子どもたちにとって必要な「性の学び」について語らないではいられませんでした。意図しない妊娠をしてしまう、性感染症に罹患してしまうのは「子どもたちの責任ではない、教育しないおとなの責任である」と自分に言い聞かせながら、細々と続けていきました。その当時の副校長が「あなたは間違ったことはしていない。必ず、道は開ける。今はつらいがじっと我慢!!」と声をかけてくれました。その言葉が私の支えとなっていました。

2013年、「七生養護学校こころとからだの学習裁判」は最高裁で、原告の全面勝訴が決定されました。これは私に大きな喜びと自信を与えてくれました。この実践本の完成の土台はまさにここにあると感じています。

(2) 現場の教員と研究者で、実践をともにつくる

中学校3校目に転勤した2011年、"人間と性"教育研究協議会主催の全国夏期セミナーで京都教育大学附属桃山中学校の楠裕子先生の実践発表に出会い、感銘を受けました。それは現場の教員と研究者が力を合わせてつくり上げた授業実践でした。私も性教育を計画的にしっかり学校に根付かせたいという思いが強まっていきました。この実践を自分の勤務校で行えないか、当時のO校長に相談しました。なぜ、性教育が必要であるかを校長室で熱く語り、じっくり聞いてくれた校長は「いいよ。やろうよ!」と笑顔で返答してくれました。「OKが出た!」と、研究者の艮さん、田代さん、渡辺さんに嬉しくて興奮しながら連絡をしたことを今でもはっきり覚えています。

2012年、いよいよ、3年間を見据えた公立中学校での「性の学習」をスタートさせました。これは私自身、長年1人でやってきていた自分の実践を振り返り、より良い実践へと発展させる機会となりました。

足立区は東京都内の他区に比べて生活保護世帯、就学援助の割合が高く、虐待、補導件数も多い状況です。特に大きな課題として貧困問題があり、区内では様々な「貧困対策」の取り組みが行わ

れています。私が初めて足立区に着任したときは、斜に構え、おとなの出方を見るいわゆる「試し行動」をする生徒が多くいました。こちらを信用するまでに時間がかかりますが、たくさん関わり、自分が大切にされていると実感できれば、大変人なつこく、素直であり、噛めば噛むほど味が出る子どもたちです。そんな子どもの魅力に取りつかれ、転勤の第1希望はいつも迷わず、「足立区」。最後までこの地域で働きたいという気持ちが強く、あっという間に30年が経っていきました。

いろいろな家庭環境で育ち、いわゆる「お勉強」も苦手意識が強い子どもたちがたくさんいる中学校で果たして性教育が実践できるか不安でした。しかし、それは全く予想に反し、こちらの不安をかき消すほど、生徒たちは意欲的に授業に参加してくれました。性教育を進めることで生徒との距離が近づき、関係が豊かになってくることを実感しました。素直な子どもたちの活動する姿を見て、「本当のことを語って、本音で話し合う」授業の目標は充分達成することができると確信しました。

(3) K校長、教員、保護者、地域との連携

実践を始めて5年目、隣の中学校と統合し、新しい学校が誕生しました。統合当初は子どもたちも動揺が隠せず、学校が落ち着きませんでした。授業が成立せず、授業中、勝手に廊下に出てふらつき、教員には悪態をつき、毎日のようにたくさんの問題が吹き出て、夜の10時を過ぎても退勤できないほどでした。なぜ、こんなに子どもが荒れるのか。その根底には、「どうせ自分は……」「一生懸命やっても無理」という言葉を繰り返す子ども自身の「自己肯定感の低さ」があると分析しました。子どもは自分を認めてほしいというアピールを毎日のように発信し続けていました。

統合前から一緒に性教育を進めてくれた2人目のK校長は、生徒を「押さえつける教育」ではなく、「寄り添いの教育」を推進しました。教員は一丸となって取り組み、1年間で学校が少しずつ、落ち着きを取り戻していきました。いろいろな取り組みをしてきた中、大切にしてきたことの1つがこの性教育です。自己肯定感の低い生徒たちを変えられるのは性教育であるということをK校長は理解していました。毎日対応に追われ、なかなか性教育に取り掛かれない私に、「早く性教育をやろうよ。荒れているからこそ必要だよ」と背中を押してくれたのがK校長でした。教室の中で座っていられない生徒が多かった中、性教育の時間は生徒たちは真剣に受けてくれました。いい意見もたくさん出してくれました。また、不登校の生徒が学校に来たときは、個室で授業をし、「性の大切さ」を話してきました。そのような積み重ねにより、やんちゃな子どもたちとの関係が徐々に良くなってきたことを実感しました。

また、K校長からは教育委員会と連携しながら進めることを大切にするように促され、教育課程の中に人権教育として「性教育」を位置づけました(*) (p.12参照)。指導主事にも何度も来ていただき、アドバイスをたくさんもらいました。また、保護者には4月の保護者会で主旨を説明し、授業案内を出し、授業後の様子を学校だよりや学年通信で報告してきました。保護者からは「家庭でな

かなかできないので、学校でやってくれてありがたい」「とても大切な授業、続けてほしい」「子ども同士での話し合いができるっていいね」と激励の言葉をたくさんもらいました。また、区内の保健所、男女共同参画プラザの職員、人権擁護委員、学校を応援してくれる地域の方々にも参観してもらい、多くの励ましや肯定的な感想、意見をいただきました。その時、K 校長は参観してくれた方を必ず校長室に招き、授業の感想などを聞き、私に伝え、より良い授業づくりの参考にさせてもらっていました。

なぜ、K 校長がここまで応援してくれたのか。「性の学習の授業を参観することで、性に対するイメージを大きく取り違えていた自分自身が変わっていった」とよく私に話していました。K 校長は性教育をやることで「子どもが優しくなった」「人権を無視した子どもの行動（ズボン下ろし、「股間」触りなど）が激減する」「子どもたちが卑猥な言葉を発しなくなった」「性は大切なこととして理解することで生き方が豊かになり、将来の展望がもてる」とも語っていました。子どもに誠実に向き合う教育者としての立場を貫く K 校長は、この実践を進めるにあたって大きな存在であったことは間違いありません。

（＊）人権教育として進めていくにあたって

S 中学校では人権教育の年間計画（全教科・教科外含む）を立てています。その中に、本校の生徒の現状を踏まえ、人権教育の大きな柱として食育と性教育を位置づけています。そして各回の授業が学習指導要領のどこに対応するか（p.6 参照）や、人権教育の人権課題（「子ども」「女性」「HIV 感染症」「性同一性障害・性的指向」など）のどこに対応するかも確認している点に特徴があります。本来、人権課題は分けられるものではありませんが、教育委員会と連携していく上で、位置づけを明確にしました。

(4) 実践者自身が「生きやすくなる」

教員の多くは性についてきちんと学んだ記憶がほとんどなく、子どもと同様、性に対するイメージはマイナスからのスタートです。しかし、授業見学、授業実践を重ねる中で、「絶対に必要で大切な授業」であると感じとり、「授業をやらせてほしい」と声が上がるようになってきました。そして、授業をすることで自分自身が変容し、「自分自身が生きやすくなった」と語る教員もいました。「『女らしさ・男らしさ』を考える」の授業（実践 5 参照）は実践を始めて 3 年以降は各担任が行いました。事前に授業の主旨を話し、私の授業を実際に見てもらったりして、進め方を同じ学年を受けもつ教員で確認してきました。うまくいく、いかないはありますが、まずは「やる」ことに意義があります。意欲的に性教育に関わろうとする養護教諭が性の学習全般を行い、養護教諭の研修会で実践発表をするまで力をつけていきました。また、保健体育科の教員も多くの実践にチャレンジしてくれました。

(5) 子どもたちのための性教育を

2018 年 3 月、東京都議会で「学習指導要領を逸脱し、避妊・中絶を教えている」という私たちの実践に対する攻撃がありました。そもそも学習指導要領は指導すべき内容の最低基準を示したものであり、この批判は不当なものであることは明らかです。この実践の意義を理解している足立区教育委員会は「必要な学習」として一貫した対応をしました。こうした状況の中、「きちんと教育すべき」「今の子どもたちに性教育は必要！」と世論が高まり、この実践は継続することができましたが、性教育を行うにあたって現場が「萎縮」したことも確かで、なかなか前進できなくなったのが実態でした。

この実践の良さを理解してもらう意味で、公開授業をするなどいろいろな手立てをしてきましたが、性教育を広げることの難しさを感じていました。その根本には、おとな自身の性に対する知識の不足や無理解があり、おとなの学びが必要であることを痛感しました。そのためにも、大学の教員養成課程で性教育を扱う科目の必修化、教員の公的な研修会で性教育のテーマを扱うことが必要です。

全ての人に権利として保障されている義務教育の中に性教育を位置づけ、進めていくことで、教員と子ども、子ども同士が、性は人権であるということ、その大切さを共有し合えます。そして、それが学校全体の雰囲気を大きく変え、誰もが過ごしやすい学校づくりにつながることは、12 年間実践を続けてきて実感しています。それは「誰もが生きやすくなる社会の実現」の一端を担う実践だと確信しています。

（樋上典子）

なぜ学校で性教育をしづらいのか

性の健康は基本的人権であり、性教育はその保障のための重要な柱（権利）です。言い方を変えると、性に関する情報をもとに自分で選び、決定していくことを保障するのが性教育です。これは本来、すべての子どもに保障されて当然の権利です。思春期前後に限定されるものではなく、生まれてから死ぬまで、保障されなければいけない権利です。しかし残念ながら私たちおとなも充分に保障されているとは言い難いのが現状です。とりわけ学校で性教育をしづらいのはなぜなのでしょうか。

まずはおとなが性のことを学ぶ権利が保障されてきませんでしたから、性が人権であり、性教育はその保障のための重要な権利であるという理解がまだされていないという問題があるでしょう。性をいやらしいもので公的な場所で学ぶことではないという無理解です。また、これには子どもが性の知識を得ると、性的に活発になるのではないかという、おとなの「子ども観」の問題も関わっています。それは、子どもには性については知らないでいてほしいというおとなの都合です。生まれた時から人間と性は切り離せませんし、子どもたちはすでに様々な場面で情報を得ています。そうした中で学ぶ機会が保障されないというのは、おとなが子どもの学ぶ権利を奪っているということなのです。

２つ目に 2000 年前後に起きた性教育バッシングの影響があります。厚生労働省の外郭団体が中学生向けに作成した冊子『思春期のためのラブ＆ボディ BOOK』（以下、『ラブ＆ボディ』）が回収されるといった問題がありました。この冊子は主体的に自分の性を選択するために必要な科学的な知識とスキル（相談機関の情報を含む）に関する情報や、セクシュアル・ライツを保障する上で基本的な事柄が書かれているに過ぎませんでした。また、現場の実践に対する性教育バッシングの中心的な出来事としては、東京都立七生養護学校（現・七生特別支援学校）への攻撃が挙げられます。障がいをもつ子どもたちのために、教職員と保護者が協働して検討を積み重ねてきた実践が「過激性教育」として攻撃されたのです。その後も性教育実践を行っていた各地の教員や団体への具体的な攻撃となって広がることとなりました。一連の性教育バッシングは 2006 年以降には沈静化しますが、教育現場で性教育を行うことへの自己規制は深刻なものとなっていました。

この一連の性教育バッシングは新保守主義という考え方に基づいています。新保守主義とは、経済危機が起こるのは①労働者の賃金向上と、福祉依存症を招くような社会保障の拡充と、②モラルの衰退に要因があるととらえる政策的イデオロギーです。こうした要因への対抗策として「伝統的」とされる保守的価値観への回帰を唱え、モラル・秩序を犯すものには厳罰による対処を主張しています。バッシング側が目指すのは社会を構成する単位として「家族」を置き、「家族・共同体における責務を明確化」し、諸問題を自己責任のもとに家族に吸収させようとするものです。そのため「伝統的家族」や「母性」「父性」のように、伝統的保守的価値観への回帰を目指すものや固定的性別役割分業の強調に固執するのです。性教育は性の自己決定や多様性、必要な知識の獲得に関わる内容を含みますから、攻撃の対象とされたのです。これは『ラブ＆ボディ』で特に攻撃されたのが「リプロダクティブ・ヘルス / ライツ」であったことや、七生養護学校以外の教育実践で攻撃されたのが多様な家族、多様なセクシュアリティや日本軍「慰安婦」といったテーマであったことにも表れています。また、2018 年 3 月 16 日の東京都議会文教委員会で、七生養護学校への攻撃にも参加していた都議会議員が、性教育実践を問題視する発言をしました（p.13 参照）。しかし、その後の定例都議会で性教育のあり方が議論され、マスメディアによる性教育への肯定的な報道やオンライン署名などの後押し、多くの民間団体や個人の支援がうねりとなり、都教委は指導内容の変更を求める考えはないと、実践を容認する方向となりました。つまり、性教育バッシングは極めて政治的な動向の中で起きたものであり、現場での実践のしづらさにもつながっています。

3 つ目に制度的基盤の脆弱性、とりわけ学習指導要領の位置づけの問題があります。性教育の「はどめ規定」は、性教育へのチャレンジや、内容の発展を阻害しています。「性交」については「人の受精に至る過程は取り扱わないものとする」（「小学校学習指導要領」理科、第 5 学年）、「妊娠や出産が可能となるような成熟が始まるという観点から、受精・妊娠を取り扱うものとし、妊娠の経過は取り扱わないものとする」（「中学校学習指導要領」保健体育、保健分野）として、義務教育段階では扱わないものとなっています。前述の 2018 年のバッシングも、学習指導要領にない内容が含まれていたことや、人権教育の学習とする根拠が問題視されました。同年 8 月に都教委が都内の全公立中学校を対象とした量的調査を行いました。それによると、学習指導要領に記述がない性教育の内容を教えている学校は 9%（55 校）と少ないものの、全体の 46%が「学習指導要領に示されていない内容を指導することも必要だと思う」と答えています。そもそも学習指導要領は大綱的な位置づけであり、地域や学校の実態に応じて教育課程を編成するものです。必要に応じて学習指導要領に記述のない内容も加えることができるのです。子どもの育ちに関わる方々には今一度このことを確認し、子どもの性の現状を様々な角度から見て、実践を協働で編み出してほしいところです。これまで一部の意識的な教員や外部講師などによって性教育が進められており、時間数・学習内容ともに子どもの学習権が保障されていないのが現状なのです。

（艮 香織）

参考文献

- 浅井春夫、艮 香織、鶴田敦子『性教育はどうして必要なんだろう？ ―包括的性教育をすすめるための 50 の Q&A』（大月書店、2018）
- 艮 香織「性教育」（11 章）、日本発達心理学会編『発達科学ハンドブック 11 ジェンダーの発達科学』（新曜社、2022）

『国際セクシュアリティ教育ガイダンス』を実践にいかす

私たちは、実践研究を進める中で、ユネスコなどの国際機関によって編纂された『国際セクシュアリティ教育ガイダンス』（以下『ガイダンス』）を常に意識してきました。ここでは、その『ガイダンス』がどのようなものであるのか、そして、『ガイダンス』のどういった点が重要であるのか、さらに、『ガイダンス』を意識して実践をつくることにどのような意義があるのかについて簡単にまとめておきたいと思います。

『ガイダンス』は、2009年にその初版が出されています。これは、ユネスコを中心に、国連合同エイズ計画、国連人口基金、世界保健機構、国連児童基金（ユニセフ）が共同し、セクシュアリティ教育に関わる世界の国々の専門家の研究と実践を踏まえて発表されたものです。2018年には、その間に蓄積されたセクシュアリティ教育研究の成果を加え、改訂版が出されました。その意味で、『ガイダンス』はセクシュアリティ教育に関する世界の取り組みと英知を結集してまとめられたセクシュアリティ教育の方向性と具体的課題を示したものだと言えます。

『ガイダンス』が示すセクシュアリティ教育の重要なポイントは、その教育が人権を基盤にしていること、性の多様性を前提とするジェンダー平等が前提とされていること、さらに性をポジティブにとらえるということです。実践研究を進める中で、私たちは常に、この点を意識しながら実践を見直してきました。

また、『ガイダンス』では、「包括的セクシュアリティ教育」という用語が使われているように、その教育を「包括的」なものとして提示しています。包括的とは、学びの内容はもちろん、生涯にわたって続く学びであること、そして、すべての人にセクシュアリティ教育が保障されなければならないといった意味が含まれます。

『ガイダンス』が提示しているセクシュアリティ教育の枠組みである8つの「キーコンセプト」は、学びの広がりを理解するうえで重要です。中学校という限られた学校段階と、限られた授業時間の中で取り組んできた私たちの実践が、こうした枠組みのどこに関連するのかも意識してきました。いうまでもなく、本書の実践で、『ガイダンス』が提示する包括的セクシュアリティ教育を網羅することは不可能ですが、残された課題を明らかにすることにつながります。

『国際セクシュアリティ教育ガイダンス』8つのキーコンセプト

1　人間関係
2　価値観、人権、文化、セクシュアリティ
3　ジェンダーの理解
4　暴力と安全確保
5　健康とウェルビーイング（幸福）のためのスキル
6　人間のからだと発達
7　セクシュアリティと性的行動
8　性と生殖に関する健康

また、『ガイダンス』の各キーコンセプトの中で示されている具体的な学習課題、「学習者ができるようになること」は、そのすべてが、「知識」「態度」「スキル」のいずれかに分類されていることも着目しました。『ガイダンス』の中で使われているこの 3 つの言葉は、学習指導要領や、私たちがふだん使う言葉とは異なる意味合いを持っています。

「知識」に位置づく学習課題には、「〜を説明する」「〜を明らかにする」といった表現が使われています。「知識」は学習者にとっての重要な基礎となりますが、「友だちとは何かを明らかにする」のように、単に知識を身につけることではなく、主体的に考え、議論し、そこから明らかにしたことを理解するという能動的な学習のプロセスを意味しています。

「態度」では、「〜を認識する」という表現が多く使われており、日本の学習指導要領に示されているような「心構え」とか「姿勢」とは異なるものであることがわかります。「ジェンダー、障がいの有無、健康状態は友だちになるうえで障壁にはならないことを認識する」というように、物事に対する考え方や価値観、自分自身や社会を理解する手助けとなるものを意味しています。

「スキル」は、「多様な友情を築く」のように、「〜を実際にやってみる」「〜を伝え合う」といった具体的な行動が目標として示されています。コミュニケーションをとること、聞くこと、拒否すること、意思決定すること、交渉することが重要なスキルとして提示されていて、学習者が行動を起こすことを可能にするものです。このスキルには、対人関係、批判的思考、自意識の形成、共感する力の発達、信頼できる情報・サービスへのアクセス、スティグマや差別への挑戦、権利のための主張といった内容が含まれます。

これらの知識・態度・スキルという 3 領域は、必ずしも段階的なものではなく、むしろ相互的で互いに補強し合うプロセスであり、『ガイダンス』にある「キーアイデア」について学び、再考し、強化するための多様な機会を学習者に提供するものとされていて、知識・態度・スキルの連結が、子どもや若者をエンパワメントするということです。

本書では、この知識・態度・スキルを意識して、各実践の最初に提示した「学習の到達点」を考えてみました。この試みは、子どもの活動を中心にすることを常に意識してきた実践の意義を、あらためて確認するとともに、それぞれの授業のねらいをより明確にすることにつながりました。また、各実践が主にどのキーコンセプトと関わっているのかを示すことで、実践の意義や課題についても考えています。

『ガイダンス』を意識した実践づくりは、包括的性教育実践のさらなる発展に資することができると考えています。

(＊) ここでは『ガイダンス』に基づき、「セクシュアリティ教育」「包括的セクシュアリティ教育」という用語を使用していますが、本書では「包括的性教育」と同義です。

（田代美江子）

本書の使い方
「性の学習」がわかる3つの構成

構成1　各単元の全貌がわかる

•授業のねらいと展開

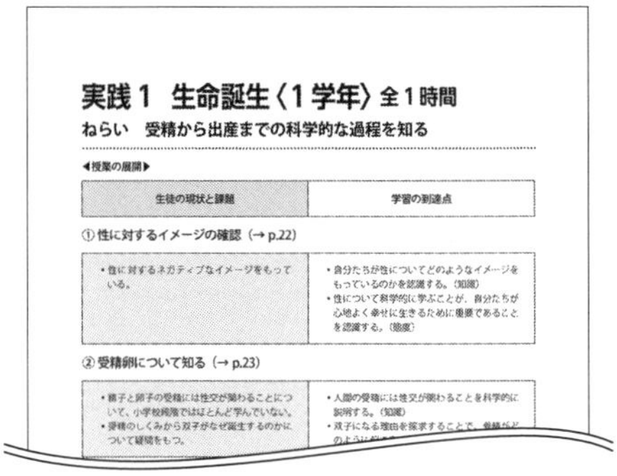

性の学習の授業時数と実施する学年、学習のねらい、授業の展開について記載しました。

授業実施前に行う生徒のアンケートや、日頃の生徒とのやり取りを通して生徒の実態を把握し（左の列「生徒の現状と課題」）、それを踏まえた上で、『ガイダンス』の「知識・態度・スキル」を意識した学習の到達目標を設定しています（右の列「学習の到達点」）。

構成2　授業の流れと生徒への伝え方がわかる

•教員と生徒のやりとり（吹き出し）

左に教員・ゲスト講師、右に生徒を配置し、対話形式で授業の流れを記述しています。

授業の際に実際に出てくる生徒の言葉、それに答える教員やゲストの言葉を可能な限り載せています。

時に生徒から、性をネガティブにとらえる発言も出てきます。その際に教員が「どう答えるか」には、12年間の実践の試行錯誤が詰まっています。

•考えてみよう、話し合ってみよう

生徒に、自分事として性の学習をとらえてもらえるよう、グループに分かれて意見を出し合い考え合う「考えてみよう、話し合ってみよう」の時間を設定しています。

教員の発問は、過去の授業の際に生徒から出てきた質問をもとに作成しています。

• アンケート

多くの授業で授業の前後にアンケートを実施しています。授業中に出てくる「アンケート結果」とは、生徒たちが事前に回答したアンケートの結果をさしています。生徒は自らが回答した「アンケート結果」を見ることで、自分たちの実態を認識し、より自分事として学習に参加してくれます。

• スライド

授業で実際に使用しているスライドのうち、これだけは最低限伝えたいというスライドを厳選し掲載しました。スライドづくりの際に参考にした出典は各章の章末にまとめて載せています。

なお、スライドを切り替えるタイミングは「▶」、それ以外の授業中の教員の行動は、「＊」印で記しています。

• 資料・ワークシート

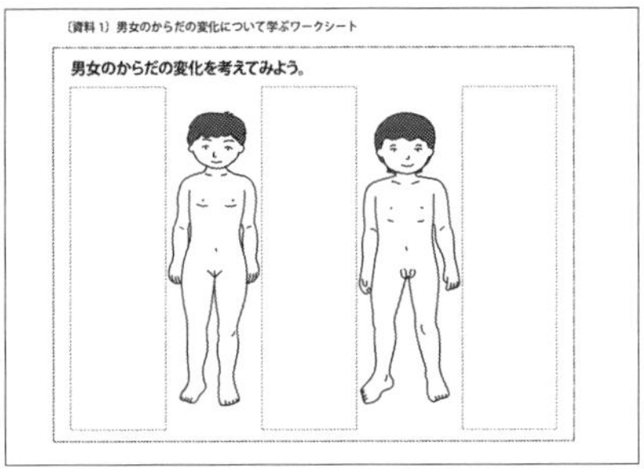

授業中に配布している資料を、厳選して随所に掲載しました。なお、各実践で参考にした文献や WEB サイトは巻末にまとめて掲載しています。

• ここでのポイント

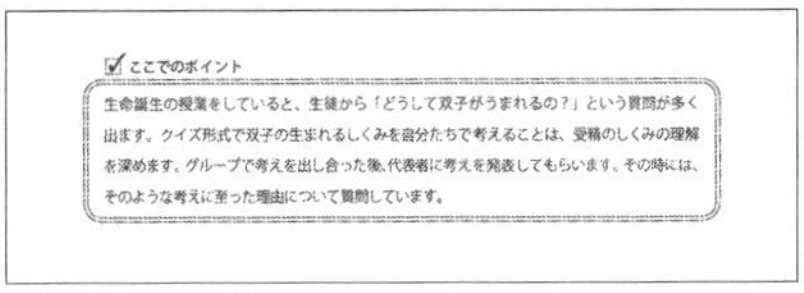

授業者が発問や返答する際に、留意している点を補足で説明しています。

• ちょこっとエピソード

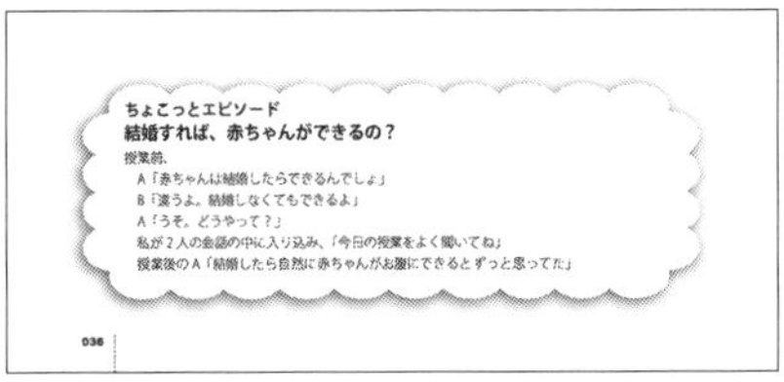

「性の学習」の実践を通して、生徒同士、教員と生徒の関係性が変わります。そして、学校全体の雰囲気も変わります。そんな様子をエピソード形式で紹介しました。

生徒の言動をはじめ、性の学習の外でも学びの成果が感じられる変化がたくさん見られます。

構成3　実践の成果と課題がわかる

・この実践から見えてきたこと

子どもの反応・感想を基に実践を練り上げてきました。ここでは、授業をつくる過程で議論してきた「論点」を紹介しています。特に、「より良い授業をつくるために」には、重要な論点を記載しています。

授業づくりの過程で出た議論は、「性の学習」のさらなるアップデートに役立ちます。

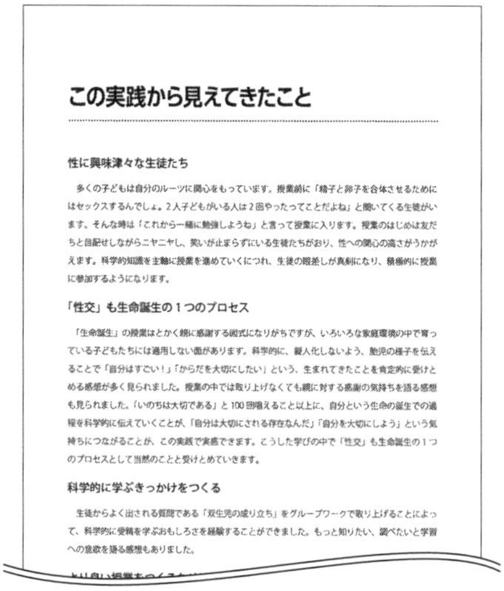
この実践から見えてきたこと

性に興味津々な生徒たち

多くの子どもは自分のルーツに関心をもっています。授業前に「精子と卵子を合体させるためにはセックスするんでしょ。2人子どもがいる人は2回やったってことだよね」と聞いてくる生徒がいます。そんな時は「これから一緒に勉強しようね」と言って授業に入ります。授業のはじめは友だちと目配せしながらニヤニヤし、笑いが止まらずにいる生徒たちがおり、性への関心の高さがうかがえます。科学的知識を主軸に授業を進めていくにつれ、生徒の眼差しが真剣になり、積極的に授業に参加するようになります。

「性交」も生命誕生の１つのプロセス

「生命誕生」の授業はとかく親に感謝する図式になりがちですが、いろいろな家庭環境の中で育っている子どもたちには通用しない面があります。科学的に、擬人化しないよう、胎児の様子を伝えることで「自分はすごい！」「からだを大切にしたい」という、生まれてきたことを肯定的に受けとめる感想が多く見られました。授業の中では取り上げなくても親に対する感謝の気持ちを語る感想も見られました。「いのちは大切である」と100回唱えること以上に、自分という生命の誕生での過程を科学的に伝えていくことが、「自分は大切にされる存在なんだ」「自分を大切にしよう」という気持ちにつながることが、この実践で実感できます。こうした学びの中で「性交」も生命誕生の１つのプロセスとして当然のことと受けとめていきます。

科学的に学ぶきっかけをつくる

生徒からよく出される質問である「双生児の成り立ち」をグループワークで取り上げることによって、科学的に受精を学ぶおもしろさを経験することができました。もっと知りたい、調べたいと学習への意欲を語る感想もありました。

・『ガイダンス』の視点からの課題

『ガイダンス』の訳者であり、授業づくりに関わってきた筆者が、『ガイダンス』で出された８つのキーコンセプトと関連付けながら性の学習の実践の意義と課題について解説をしています。

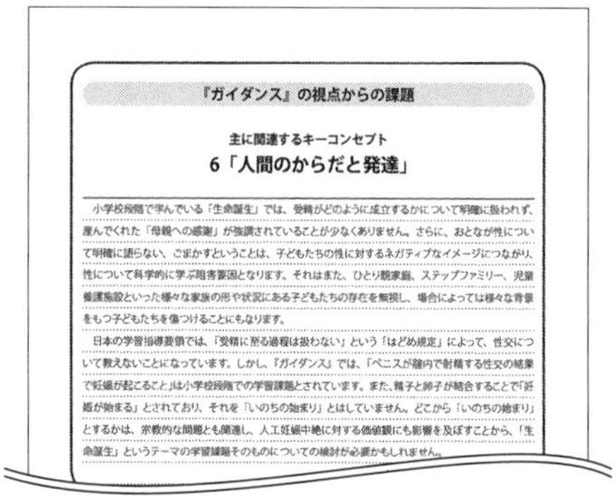
『ガイダンス』の視点からの課題

主に関連するキーコンセプト
6「人間のからだと発達」

小学校段階で学んでいる「生命誕生」では、受精がどのように成立するかについて明確に扱われず、産んでくれた「母親への感謝」が強調されていることが少なくありません。さらに、おとなが性について明確に語らない、ごまかすということは、子どもたちの性に対するネガティブなイメージにつながり、性について科学的に学ぶ阻害要因となります。それはまた、ひとり親家庭、ステップファミリー、児童養護施設といった様々な家族の形や状況にある子どもたちの存在を無視し、場合によっては様々な背景をもつ子どもたちを傷つけることにもなります。

日本の学習指導要領では、「受精に至る過程は扱わない」という「はどめ規定」によって、性交について教えないことになっています。しかし、『ガイダンス』では、「ペニスが膣内で射精する性交の結果で妊娠が起こること」は小学校段階での学習課題とされています。また、精子と卵子が結合することで「妊娠が始まる」とされており、それを「いのちの始まり」とはしていません。どこから「いのちの始まり」とするかは、宗教的な問題とも関連し、人工妊娠中絶に対する価値観にも影響を及ぼすことから、「生命誕生」というテーマの学習課題そのものについての検討が必要かもしれません。

実践１　生命誕生〈１学年〉全１時間

ねらい　受精から出産までの科学的な過程を知る

◀授業の展開▶

生徒の現状と課題	学習の到達点

① 性に対するイメージの確認（→ p.22）

• 性に対するネガティブなイメージをもっている。	• 自分たちが性についてどのようなイメージをもっているのかを認識する。（知識） • 性について科学的に学ぶことが、自分たちが心地よく幸せに生きるために重要であることを認識する。（態度）

② 受精卵について知る（→ p.23）

• 精子と卵子の受精には性交が関わることについて、小学校段階ではほとんど学んでいない。 • 受精のしくみから双子がなぜ誕生するのかについて疑問をもつ。	• 人間の受精には性交が関わることを科学的に説明する。（知識） • 双子になる理由を探求することで、受精がどのように起こるのか明らかにする。（知識）

③ 着床から胎児の成長過程を知る（→ p.27）

• 誕生に至るまでの胎児の様子についての知識はほとんどない。	• 胎児が子宮の中で生きるための様々な活動をしていたことを認識する。（態度） • 胎盤やへその緒の役割について科学的に説明する。（知識）

④ 出産のことを知る（→ p.31）

• 「産んでもらった」ことを親に感謝するという視点からの学習経験がある。 • 自分たちが、どのように生まれてくるのかについての知識はほとんどない。	• 出産の過程における胎児側の様々な様子や工夫について具体的に説明する。（知識） • 胎児を主体にした出産の経過について具体的に説明する。（知識） • 受精から出産までの過程について、どう感じるかを表現する。（スキル）

〔S－01〕性の漢字

性

心＋生

いのちってどこにある？

授業の流れ

① 性に対するイメージの確認

教員

生徒たち

「性」と聞くと、みんなはどんなイメージが思い浮かぶかな？

エロい

いやらしい

男と女

セックス

恥ずかしい

何で、そんなイメージなの？

何となく……

▶〔S－01〕性の漢字

性という漢字を見てみよう。これは何へん？

小さい

違うよ。りっしんべんだよ

そうだね。りっしんべんはこころ。「こころ」と「生きる」が合わさった漢字なんだよ

そうなんだ

なんとなくいいね

生きてるということは「いのち」があるってことだよね。「いのち」ってどこにある？

心臓（胸を押さえて）

脳？

いのちは私たちの「からだ」そのものです。いのちを守るということはからだを守るということだね。性の学習は、自分たちのからだのことを知ることから出発します。心地よく、幸せに、健康に安全に生きるための大切な学習です

〔S－02〕受精卵

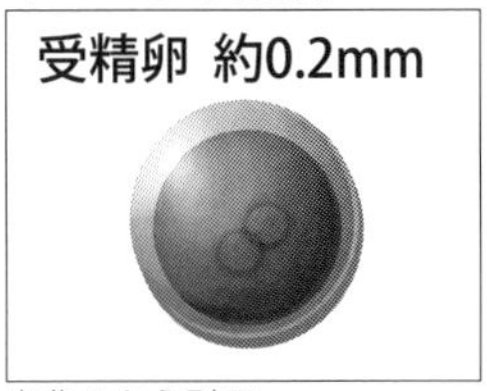

出典１から引用

〔S－03〕卵子

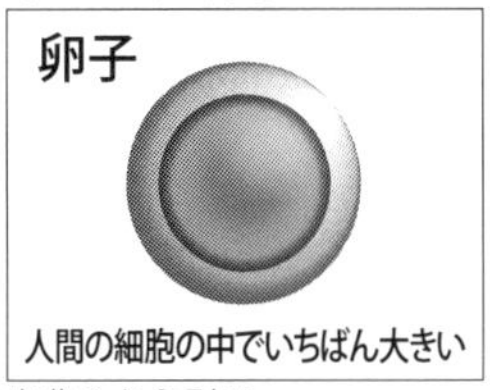

出典２から引用

〔S－04〕精子

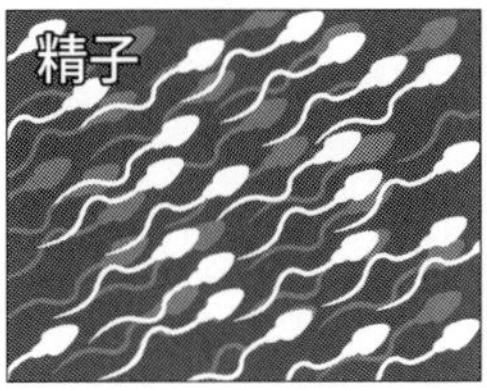

〔S－05〕性交

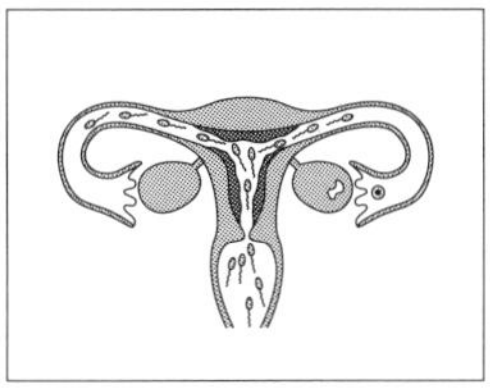

② 受精卵について知る

教員　　　　　　　　　　　　　　　　　　　　　　　　　　　生徒たち

＊中央にまち針などで小さな穴を開けた、５㎝四方の黒い紙を配布する

これから、黒い紙を配るね。紙を見て何か気づいた人はいるかな？

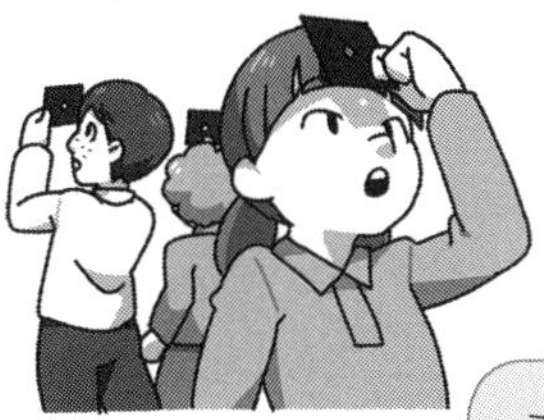

穴、あいてる！

実は、これは「あなたの始まり」です

えー、どういう意味？

「受精卵」って知ってるかな。この穴くらいの大きさから、人間になるんだよ

こんなに小さいのー

これが自分の最初の大きさなの？

▶〔S－02〕受精卵

今日は､「生命誕生」について学習します。あなたたちのいのちはこの「受精卵」から始まりました。約0.2mm でやっと肉眼で見える大きさです

▶〔S－03・04〕卵子、精子

卵子と精子が合体（受精）してこの受精卵がつくられました。卵子と精子って知ってる？

卵子は女子

精子は男子がもってる

▶〔S－05〕性交

卵子も精子も空気に触れると死んでしまいます。だから受精するためには、空気に触れないように精子を卵子に届ける必要があります。勃起した男性の性器を女性の性器に入れて、女性のからだの中で射精をします。これを「性交」と言います

クスクス

にやにや

ヤベェ

へえ、そうなんだ

〔S－06〕精子が卵子に

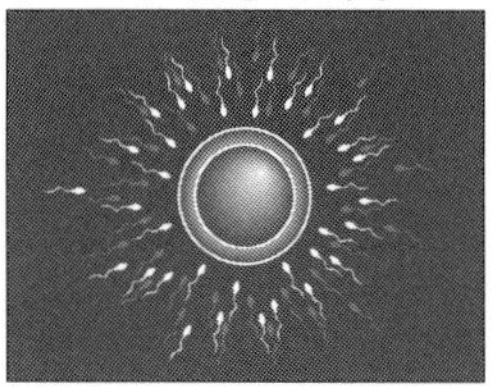

〔S－07〕精子と卵子の合体

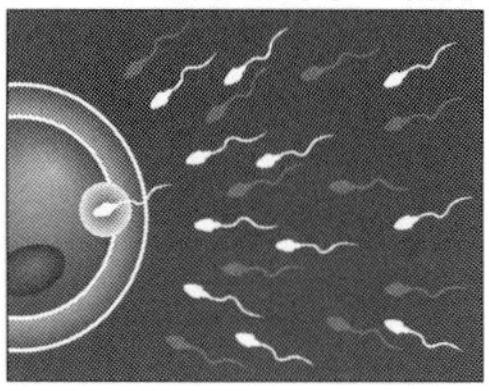

受精ってどこで起こるか知ってる？

子宮？

卵管だよ。性交すると1億から3億の精子が女性のからだの中に入っていきます。精子には、べん毛っていう尻尾のようなものがあって移動できるんだよ。でも、精子にとって女性のからだの中はきびしい環境で、子宮までたどり着くのは、その10分の1から100分の1なんだって。卵管まで移動した精子でも、卵子がない方へ移動するものもあり、卵子にたどり着く前に多くの精子が死滅します

だからそんなにたくさん必要なのか

卵子のところまでどれくらい行けるのかな

精子は約3日、卵子は約24時間生存すると言われています。卵子にたどりつける精子はどのくらいだと思う？

1000個

10個

▶〔S－06〕精子が卵子に

約100と言われています。卵子にたどり着いた精子は酵素という物質を出して、卵子の膜を溶かそうとします。さあ、いくつの精子が卵子の中に入れると思いますか？

2つ

1つ

▶〔S－07〕精子と卵子の合体

1つです。1つ入った瞬間に、卵子は固く膜を閉ざし、他の精子が入れないようにします。卵子の中に入った瞬間に精子のべん毛が取れ、その後、どうなると思う？

？？？

精子から遺伝子を持つ DNA が卵子の中に放出されます。そして卵子の DNA と合わさって、あなたの DNA がつくられました

DNA って聞いたことあるー

だから、お父さんに似ている人もいるんだ

もし、ほかの精子だったら、私が生まれなかったのかなあ

今は医学が発達していて、卵子と精子がうまく受精しない場合に、精子と卵子を外で受精させ、子宮に戻すという「体外受精」という方法もあるんだよ

ここでのポイント

生殖医療は年々進歩しています。生殖医療を使って生まれた生徒たちもすでにたくさん存在します。最新の情報を得ながら、授業の中で話題にしていくことが大切です。

考えてみよう、話し合ってみよう

では、クイズです。双子はどうやってできるのでしょうか？ 精子と卵子がどうやって双子になるのか考えてね。絵を使って説明してね

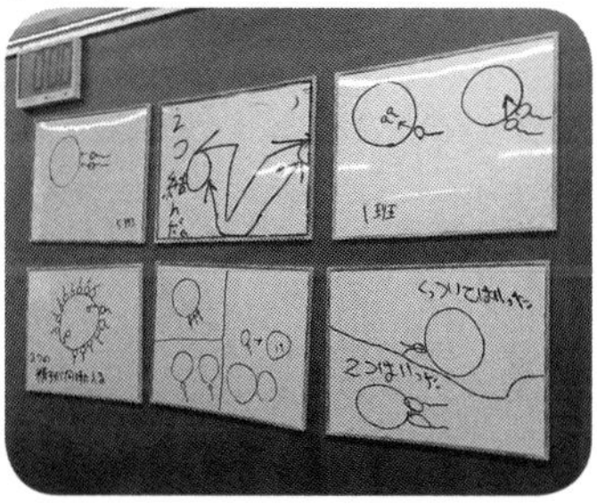

さっき、1つしか卵子に入れないって言ってたよね

受精卵が2つに分裂するんじゃない？

2つに分裂したらからだが半分になっちゃわないの

でも、2つ入ることもあるんじゃない？

そっくりな双子とあまり似てない双子がいるよね

それって何か関係あるかな

〔S－08〕双子のしくみ 1

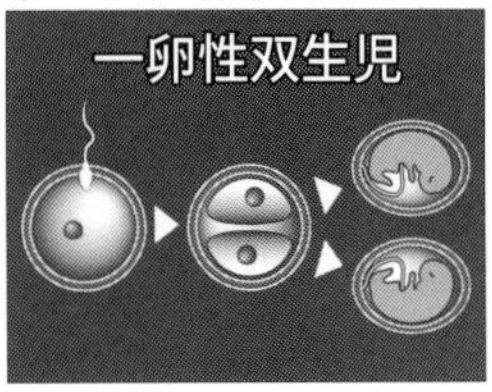

〔S－09〕双子のしくみ 2

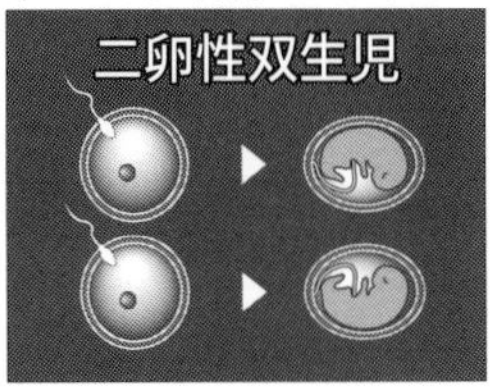

〔S－10〕細胞分裂 1

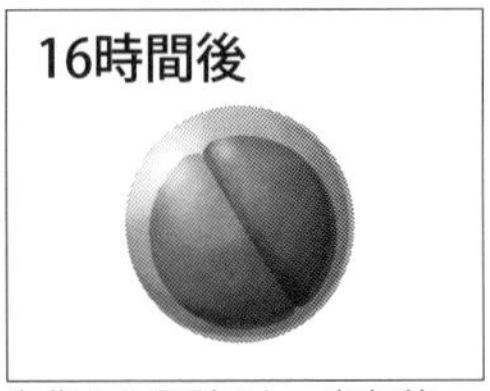

出典 1 から引用し一部加筆

〔S－11〕細胞分裂 2

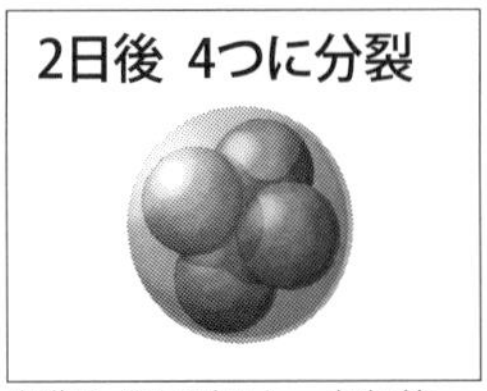

出典 1 から引用し一部加筆

▶〔S－08・09〕双子のしくみ 1、双子のしくみ 2

そっくりな双子とそうでない双子がいることに気づいたのはいいね。精子と卵子が合体して、その受精卵が 2 つに分裂するのを一卵性双生児。同じ DNA だから、似ています。2 つの卵子がそれぞれ精子と合体するのが二卵性双生児。DNA がそれぞれ異なるので一卵性双生児に比べて似ていませんね。性別も違う場合もあります。双子が生まれてくる確率は 100 分の 1 なんだって

卵子が 2 つ出ることもあるんだ

精子が 2 つ入るんじゃなくて、卵子が 2 つってこと？

そうなんだね

双子の秘密がわかった！！

じゃあ、三つ子は？

五つ子は？？

✓ ここでのポイント

生命誕生の授業をしていると、生徒から「どうして双子がうまれるの？」という質問が多く出ます。クイズ形式で双子の生まれるしくみを自分たちで考えることは、受精のしくみの理解を深めます。グループで考えを出し合った後、代表者に考えを発表してもらいます。その時には、そのような考えに至った理由について質問しています。

▶〔S－10・11〕細胞分裂 1、細胞分裂 2

受精卵は細胞分裂をどんどん繰り返していくんだけれど、たった 1 つの受精卵がおとなになると約 60 兆個の細胞になるんだよ

？？？

すごーい

〔S－12〕着床

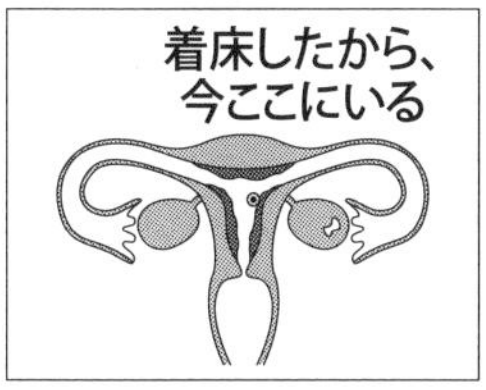

〔S－13〕胎芽

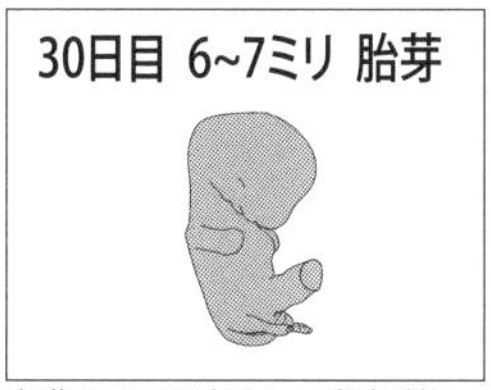

出典３から引用し一部加筆

〔S－14〕胎児

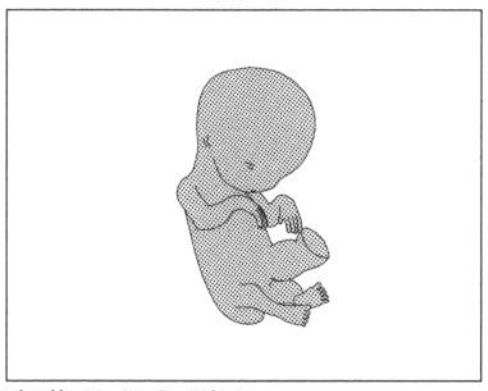

出典３から引用

〔S－15〕へその緒

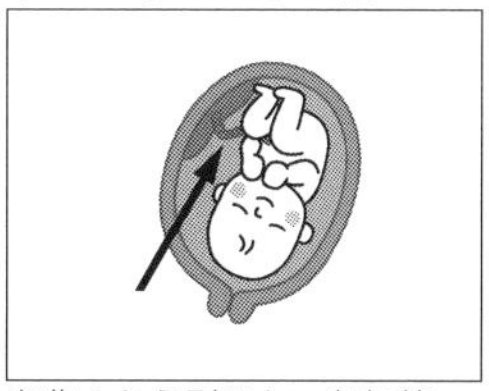

出典４から引用し一部加筆

③ 着床から胎児の成長過程を知る

教員　　生徒たち

▶〔S－12〕着床

受精卵自体は動くことができません。卵管のせん毛に誘導され、細胞分裂をしながら約１週間かけて子宮に到達します。そして、子宮内膜にもぐりこみます。これを「着床」と言い、妊娠が成立したことを意味します。
受精卵が全部着床できるわけではないんだよ。あなたたちは子宮に着床したから、ここに存在しているのです。では受精の様子を動画で見てみましょう

＊受精卵が着床するまでの動画を観る（ここでのポイント p.32 参照）

受精と妊娠は違うんだ

▶〔S－13・14〕胎芽、胎児

着床した受精卵は子宮の中でだんだん大きくなっていきます。受精から６週（妊娠８週）までを「胎芽」と言い、人間の備わっている器官は全てつくられます。それ以降は「胎児」と言い、受精から13週（妊娠15週）までに栄養や酸素を受け取る胎盤が完成します

これが人間になるの

▶〔S－15〕へその緒

スライドの胎児のからだから出ている細長いものは何と言うでしょうか？

へその緒!!

よく知ってるね！ へその緒はどんな役割をしているのでしょう？

栄養をもらっている

酸素をもらっている

〔S－16〕胎盤の構造

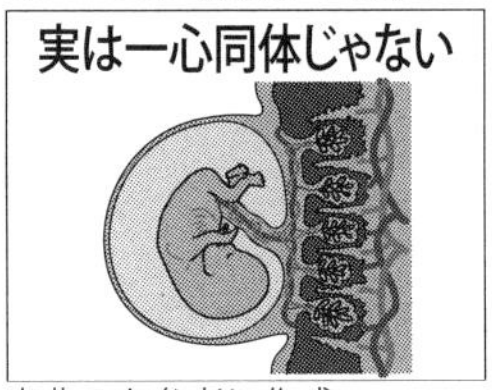

出典 5 を参考に作成

考えてみよう、話し合ってみよう

ではここで 3 択クイズです。へその緒には血管が通っていますが、そこに流れている血液は誰のものでしょう？ その理由も教えてね

① 母親
② 胎児
③ 混ざっている

赤ちゃんにくっついてるから赤ちゃんのだよ

お母さんから栄養をもらっているから、お母さんの血だよ

自分で着床したから自分のじゃない？

お母さんのおなかの中に一緒にいるから、混ざっている

でも、血液型がお母さんと違う人がいるよ

正解は「②胎児」です。胎児の血液は母胎の血液と混ざらないように流れています。親と血液型が違う人もいるでしょ

あっ！そうか！

え、親子なのに血はつながってないの？

▶〔S－16〕胎盤の構造

血管はつながっていません。母胎側から運ばれてくる酸素や栄養が、胎児側のへその緒につながっている毛細血管から吸い取られていきます。そしていらなくなったものは胎児が噴射して母胎側で吸い取ります

胎児は母体の中にいても母親とは別の存在です。だから妊娠すると「異物」に対する反応としてつわりがある場合があります

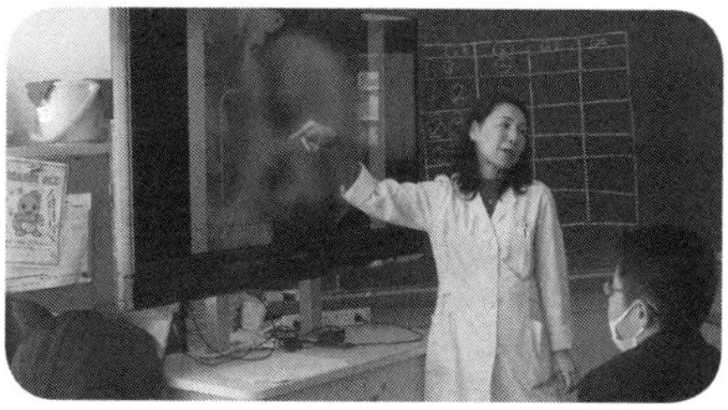

考えてみよう、話し合ってみよう

次の３択クイズです。羊水の中であなたは何をしていたのでしょう？
グループで話し合ってください

① 羊水を飲んでいた
② おしっこをしていた
③ うんちをしていた

溺れないのかなあ

息、してるの？

飲むなんてできるのかなあ

食べ物食べてないから
うんちはしないよ

うんちしたらうんち
まみれになっちゃうよ

寝ていただけだから、
全部違うよ

さすがにお腹の中にいる時のことは思い出せないなあ

正解は①と②です。妊娠４ヵ月頃になると羊水を１日約 500cc 飲んでは排尿しています。みんながよく飲んでいるペットボトル１本分だね

羊水がおしっこだらけで汚いよ

羊水は胎児が成長するにつれ皮膚のはがれや抜け毛が出るので、胎児は自ら羊水を飲んでは腸で濾(こ)してきれいなおしっこをします

おしっこってきれいなんだ

自分の環境は自分で整えてきたんだね

すごいことやってきたんだね

うんちはしないの？

しません。うんちをする場合は病気の可能性もあるので治療をします。「飲む」「排尿する」ことは生きるためのトレーニングでもあるのです。あなたたちは羊水の中でただのんびりと眠っていたのではなく、生まれた後、生きていくための準備やトレーニングをしていたんだよ

賢いね

なるほど

そうなんだ。私たち、寝ているだけなのかと思った

ごっくんと飲むのは簡単に思うかもしれないけれど、実は難しい。歳をとるとできなくなってしまう人もいます

うちのおばあちゃんもパンがうまく呑み込めずにむせちゃうよ

それと羊水はね、胎児を一定の温度に保ったり、外部の衝撃から守ったり、出産を助ける役割もしています

羊水ってすぐれものだね

羊水ってどんなもの？

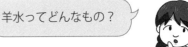

99 パーセントが水分で、そのほかに電解質、アミノ酸なども入っています

〔S - 17〕出産直前

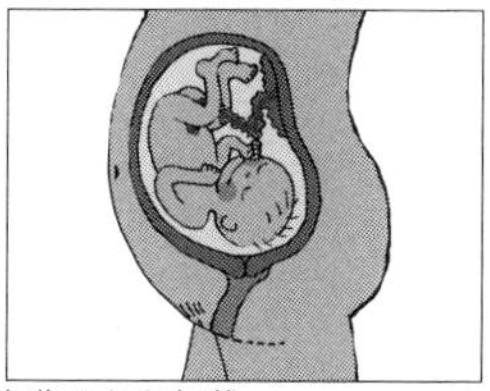

出典 6 から転載

④ 出産のことを知る

教員　　　　生徒たち

▶〔S - 17〕出産直前

（教員）約 280 日間を子宮の中で過ごし、そろそろ外へ出る準備が始まります。胎児は生まれる頃には頭を下に向けていることが多いです。どうしてかな？

（生徒たち）頭が大きいから

（生徒たち）下から出るから

（教員）どこから生まれるのでしょう

（生徒たち）おなかを切って出てきた

（生徒たち）おしりから出るんだよ

（生徒たち）へそから！

（生徒たち）アソコだろ！

（教員）子宮口が開いて、産道を通って膣口から出てきます。アソコじゃなくて、正しい名前を覚えようね

考えてみよう、話し合ってみよう

では 3 択クイズです。出産の時を決めるのは誰でしょう？

生まれそうかどうかはお母さんしかわからなくない?

赤ちゃんが出たがってるかも

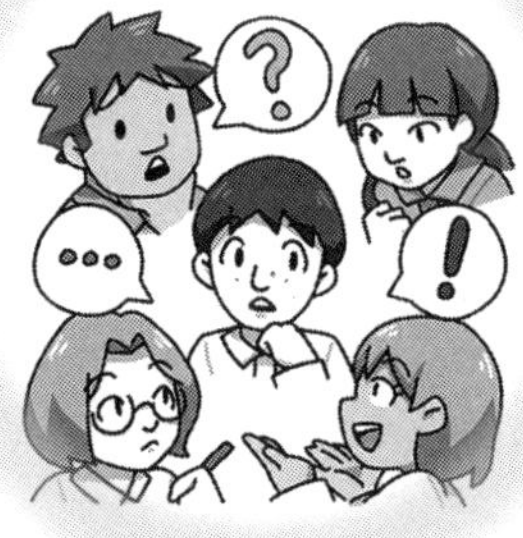

でもお医者さんが この日に産みましょうって従妹のお姉ちゃんが言われてた

今はいつでも産めるんじゃない?

〔S－18〕出産１

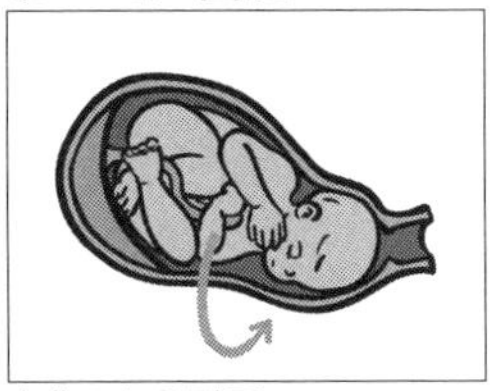

出典７から引用

〔S－19〕出産２

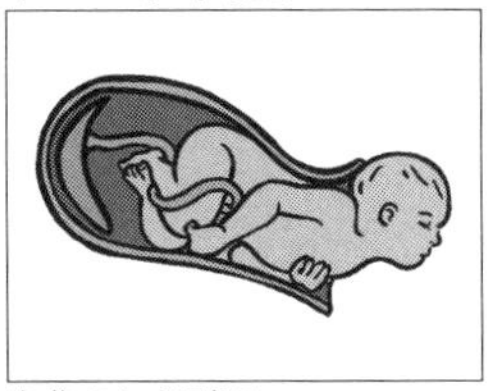

出典７から引用

〔S－20〕生まれたばかり

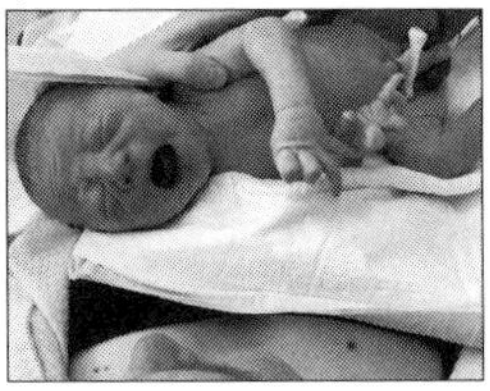

〔S－21〕へその緒を切る

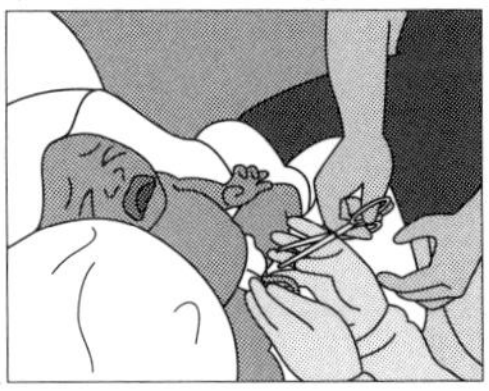

基本的には②胎児が正解です。胎児は自らホルモンを出し、母体に出産の合図をし、陣痛を起こします。また、胎児や母体の状況によって、母親とお医者さんとで相談して出産日を決めることもあります。なので全部が正解です

＊出産の様子を動画で観る

☑ ここでのポイント

生命誕生のメカニズムを科学的に伝えるために、アメリカに拠点を置く「BabyCenter」というオンラインメディア企業の動画を使用しています。「受精から着床まで」や「出産」について、わかりやすく、科学的に理解を深めるのに役立ちます。

▶〔S－18・19〕出産1、出産2

狭い産道をくぐり抜けるために胎児のからだは工夫をします。その様子を動画を見ながら説明するね。まず「子宮口」は普段は鉛筆の芯ほどの隙間しかありませんが、子宮が収縮することで徐々に開きます。あなたは、母親の「いきみ」に助けられ、からだの向きを変えながら複雑な形をしている骨盤をくぐり抜けて出てきます

回転しながら出てくるんだ！

なんか痛そう

すごい、がんばってる！

狭い産道を通る時は、あなたは頭蓋骨を重ねて、頭を小さくして出てきました

だから、赤ちゃんの頭はペコペコしているんだ

それに、赤血球の数はおとなより多くて、産道を通過する時に酸欠にならないようになっているんだよ

産道を通過するとき、肺に入っていた水が押されて口から出て、肺に空気が入ります。第一呼吸をするのを「産声」と言います。産声は初めて肺で呼吸したという証です

おぎゃー！

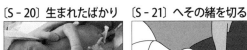

〔S－22〕母乳やミルクを飲む

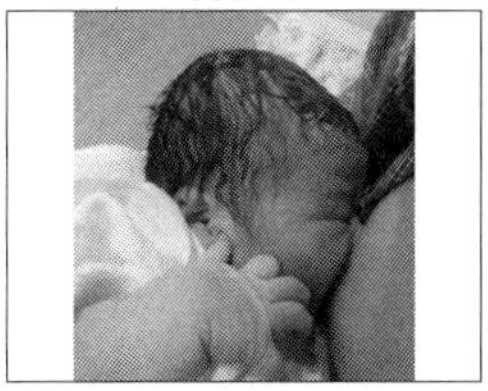

〔S－23〕寝る

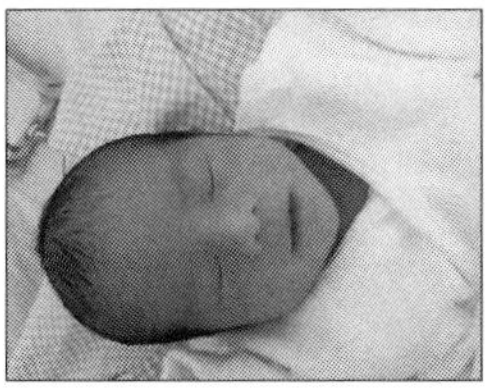

〔S－24〕泣く

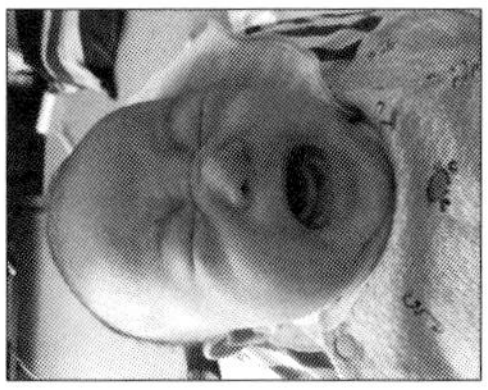

〔S－25〕すべての子どもにある権利

みんな胎内で生きる活動をしてきた。
生まれてきた子どもは
「生きる権利」「育つ権利」「意見を言う権利」
「自分のからだを守る権利」がある。

▶〔S－20〕生まれたばかり

羊水の中にいたので皮ふがふやけてますね

かわいい！

▶〔S－21〕へその緒を切る

胎児が出てきた後に胎盤も出てきます。母胎の中で、酸素や栄養の通り道だったへその緒はもういらないからはさみで切ります。神経がないので痛くありません

痛くないんだ！！

▶〔S－22・23・24〕母乳やミルクを飲む、寝る、泣く

あなたの「お仕事」は母乳やミルクを飲むこと、寝ること、泣くことです

初めてのうんちを胎便と言いますが、何も食べていないのに赤ちゃんはなんでうんちが出るのかな？

羊水を飲んで濾してたやつじゃない？

腸にたまったそのカスが出るんだ。すげー

臭くないの？

緑っぽいうんちで、臭くないんだよ

▶〔S－25〕すべての子どもにある権利

目の色も、肌の色も、髪の色も、いろいろ。障がいのあるなしに関わらず、生まれてきた全ての子どもは「生きる権利」「育つ権利」そして「自分のからだを守る権利」「意見を言う（参加する）権利」があります。社会やおとながこれを守るのは当たり前のことなんだ

「権利」なんだ

性について知りたいと思うことは自然であり、人間の私たちが人間の性について科学的に知るのは当然のことです。科学的な性の学習は、健康や安全を考えながら幸せに生きることにつながります。これからまた一緒に性について勉強していきましょう

＊時間があればグループで意見交換。なければ感想文を書く。

考えてみよう、話し合ってみよう

最後にグループでわかったこと、思ったこと、印象に残ったこと、質問などを出し合いましょう

お母さんの血と交わらないところが驚いた
頭の骨を動かすところがびっくりした
羊水を飲んでるとは思わなかった
おしっこしてきれいにしているのもすごい
生まれる前にも生きるトレーニングしてるんだ
双子について不思議に思っていたのでわかってよかった
生まれるとき、自分も痛かったのかな？
赤ちゃんでも器用なことができて、おもしろかった

この実践から見えてきたこと

性に興味津々な生徒たち

多くの子どもは自分のルーツに関心をもっています。授業前に「精子と卵子を合体させるためにはセックスするんでしょ。2人子どもがいる人は2回やったってことだよね」と聞いてくる生徒がいます。そんな時は「これから一緒に勉強しようね」と言って授業に入ります。授業のはじめは友だちと目配せしながらニヤニヤし、笑いが止まらずにいる生徒たちがおり、性への関心の高さがうかがえます。科学的知識を主軸に授業を進めていくにつれ、生徒の眼差しが真剣になり、積極的に授業に参加するようになります。

「性交」も生命誕生の1つのプロセス

「生命誕生」の授業はとかく親に感謝する図式になりがちですが、いろいろな家庭環境の中で育っている子どもたちには通用しない面があります。科学的に、擬人化しないよう、胎児の様子を伝えることで「自分はすごい！」「からだを大切にしたい」という、生まれてきたことを肯定的に受けとめる感想が多く見られました。授業の中では取り上げなくても親に対する感謝の気持ちを語る感想も見られました。「いのちは大切である」と100回唱えること以上に、自分という生命の誕生での過程を科学的に伝えていくことが、「自分は大切にされる存在なんだ」「自分を大切にしよう」という気持ちにつながることが、この実践で実感できます。こうした学びの中で「性交」も生命誕生の1つのプロセスとして当然のことと受けとめていきます。

科学的に学ぶきっかけをつくる

生徒からよく出される質問である「双生児の成り立ち」をグループワークで取り上げることによって、科学的に受精を学ぶおもしろさを経験することができました。もっと知りたい、調べたいと学習への意欲を語る感想もありました。

より良い授業をつくるために

この授業では「生命誕生」を自分事としてリアルにとらえてもらうために、「あなたは」「あなたの」という語りかけをしています。胎児に意志があるという思い込みにつながってしまう危うさがあり、3年生で学ぶ「人工妊娠中絶」の授業とどう結び付けていくかは大きな課題でもあります。

『ガイダンス』の視点からの課題

主に関連するキーコンセプト
6「人間のからだと発達」

小学校段階で学んでいる「生命誕生」では、受精がどのように成立するかについて明確に扱われず、産んでくれた「母親への感謝」が強調されていることが少なくありません。さらに、おとなが性について明確に語らない、ごまかすということは、子どもたちの性に対するネガティブなイメージにつながり、性について科学的に学ぶ阻害要因となります。それはまた、ひとり親家庭、ステップファミリー、児童養護施設といった様々な家族の形や状況にある子どもたちの存在を無視し、場合によっては様々な背景をもつ子どもたちを傷つけることにもなります。

日本の学習指導要領では、「受精に至る過程は扱わない」という「はどめ規定」によって、性交について教えないことになっています。しかし、『ガイダンス』では、「ペニスが腟内で射精する性交の結果で妊娠が起こること」は小学校段階での学習課題とされています。また、精子と卵子が結合することで「妊娠が始まる」とされており、それを「いのちの始まり」とはしていません。どこから「いのちの始まり」とするかは、宗教的な問題とも関連し、人工妊娠中絶に対する価値観にも影響を及ぼすことから、「生命誕生」というテーマの学習課題そのものについての検討が必要かもしれません。

（田代美江子）

スライドの出典一覧

1 acworks「受精卵」（イラスト AC）
2 Dandelion3「卵子」（イラスト AC）
3 じろちゃん「胎児１（５週）」、「胎児２（第７週）」（イラスト AC）
4 佐藤ちと「妊婦の子宮の中にいる胎児」（性教育いらすと）
5 Haywood L. Brown「胎児の発達段階」（MSD マニュアル家庭版、2016）
6 浅井春夫、安達倭雅子、北山ひと美、中野久恵、星野恵編、勝部真規子絵『あっ！そうなんだ！性と生　幼児・小学生そしておとなへ』（エイデル研究所、2014、p.23）
7 megkmit「産道を通る赤ちゃん」（イラスト AC）

ちょこっとエピソード
結婚すれば、赤ちゃんができるの？

授業前、
A「赤ちゃんは結婚したらできるんでしょ」
B「違うよ。結婚しなくてもできるよ」
A「うそ。どうやって？」
私が２人の会話の中に入り込み、「今日の授業をよく聞いてね」
授業後のA「結婚したら自然に赤ちゃんがお腹にできるとずっと思ってた」

実践 2　性機能の発達〈1 学年〉全 1 時間

ねらい　思春期に変化するからだを科学的に知る

◀授業の展開▶

生徒の現状と課題	学習の到達点

① 一人ひとり違うからだ（→ p.38）

• 思春期を迎え子どもたち自身がからだの変化に直面していく時期である。	• からだの様々な部分に着目し、一人ひとりが違うことを認識する。（知識）

② 思春期のからだの変化（→ p.40）

• からだについて学ぶということについて「恥ずかしい」といったネガティブなイメージをもっていることがある。	• 思春期のからだの変化について説明する。（知識） • 思春期には自分たちのからだに様々な変化が起こることを認識する。（態度）

③ 性ホルモンの働き（→ p.43）

• 小学校段階での学習では、男女の違いが強調されていることが多い。	• 性腺から分泌されるホルモンの働きを理解する。（知識） • 思春期のからだの変化について、性による違いだけでなく、共通性とともに個人差があることを認識する。（態度）

④ からだに対する悪口への対抗策（→ p.45）

• 子どもたちはお互いのからだの特徴について悪口や陰口を言うことが多々ある。	• からだに対する悪口が人にネガティブな影響を及ぼすことを認識する。（態度） • からだへの悪口に対抗する重要性と方法を自分たちで考え実際にやってみる。（スキル）

授業の流れ

① 一人ひとり違うからだ

教員　　生徒たち

あなたのからだと比べてみて、次の①～⑤の項目で当てはまるものに○をつけましょう。いくつ○がついたかな。全部○の人はいますか？

①親指を 90 度くらい反らすことができる
②耳の下の部分のつながりがくびれている
③舌が折りたためる
④足の親指の方が人差し指より長い
⑤身長が 170cm である

2つしかない

全部当てはまらない

おしい！ 4つ○だ

実はこれは私のからだの特徴です。たった5つだったけれど、それでも全部一緒の人はなかなかいないよね。他にどんなところがあるかな？

髪の毛がまっすぐの人とか、くるくるしてるとか

太っている、痩せている

〔S - 01〕スキャモンの発育曲線

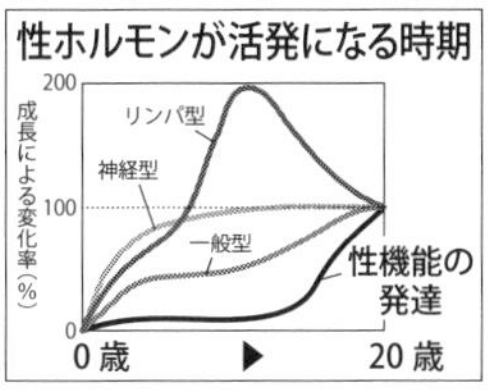

そうだね。一人ひとりのからだはみんなどこかは違っていて、同じ人はいないよね

▶〔S - 01〕スキャモンの発育曲線

スライドを見てください。これは、スキャモンの発育曲線と言います。このグラフの「性機能の発達」の曲線を見ると、12 歳くらいから、身長や体重だけでなく、性の機能がぐんと発達していくことがわかります。ちょうど、今のみんなの時期だね。この時期を「思春期」と言います。もちろんその変化の仕方や時期にも人それぞれ違いがあります。それを個人差と言います。この思春期のからだの変化についてこれから学習していきます

〔資料 1〕男女のからだの変化について学ぶワークシート

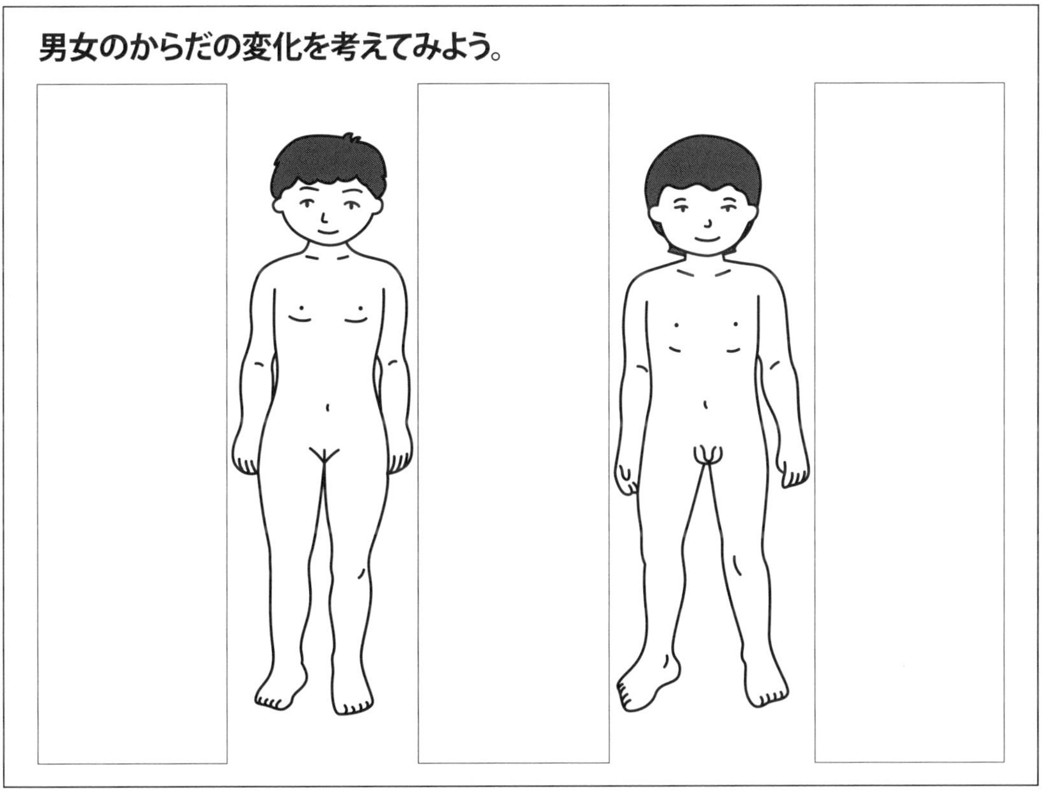
男女のからだの変化を考えてみよう。

② 思春期のからだの変化

教員　　　　　　　　　　　　　　　　　　　　　　　　　　　　生徒たち

＊〔資料 1〕を黒板に掲示し、生徒にも配布する。（p.39 参照）

これは子どものからだです。おとなになると、からだがどのように変化するかを、まずは自分で考えてワークシート（裸のイラスト）に書きましょう。左側に多くの女性のからだの変化、右側に多くの男性のからだの変化、そして、真ん中に共通することを書いてみてね

えー、恥ずかしい、書けないよー

では、「変化カード」を用意したので、グループのリーダーは取りに来てください。裏返しにしているので、2 枚ずつ選んでね。同じグループの人はどこに貼ったらいいか、一緒に考えましょう。決まったら貼りに来てください

変化カード

ひげ　わき毛　性毛　すね毛　胸毛　乳房がふくらむ　肩幅が広くなる

ふっくらとする　声変わり　のどぼとけ　腰回りが広くなる　にきび

初経（月経）　精通（射精）

ヤダー

ヤバイ！

では、みんなが貼ってくれたものを一つひとつ考えてみましょう。「声変わり」はここでいい？

声変わりするのは男だよ

男子も高い人いるよね

でも、女子も声変わりするよ

そうだね。では真ん中かな？「すね毛」は？

男が生える

女子でも生えている人がいるよ

そうですね。女子も生えるよね

じゃあ、真ん中だ

「性毛」はどう？

セイモウって何？

チンゲ

女はマンゲ

性器の周りに生える毛を性毛というんだよ。陰毛という人もいるけれど、陰という字だとなんだか暗い感じだし、みんなが日常的に使ってる言葉も笑いとともに使われてることが多いから、授業では「性毛」という言葉を使うね

「乳房がふくらむ」はどう？

これは絶対女子だよ

実はね、男子も乳うん現象と言って膨らむ場合もあるんだよ。僕もね、中学生の時にサッカーをしていて、胸にボールが当たってすごく痛かったことがあってね。その時はすごく心配だったんだ。でも、顧問の先生に相談したら、思春期に起こる現象だって言われて安心したんだ

そうなんだ

一つひとつ見ていくと、ほとんど中央に貼れるね。初経（月経）は多くの女性に、精通（射精）は多くの男性に起こります

＊このようなやり取りをし「初経（月経）」は女子に、「精通（射精）」は男子の側に貼る

ちょこっとエピソード

次回の予告は生徒から !?

「性の学習が始まった !! 」。終わった生徒たちが違うクラスに行って、情報を流します。「おもしろかったよ」「男もおっぱいふくらむことがあるんだって」「女子もヒゲがはえてていいんだって」…いろいろな生徒が発信し、予習させてくれます。ワクワクドキドキ感を高めてくれてありがたいなぁ。

〔S－02〕下垂体の位置

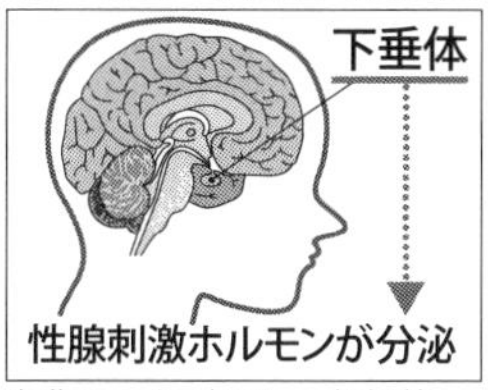

〔S－03〕女性の内性器

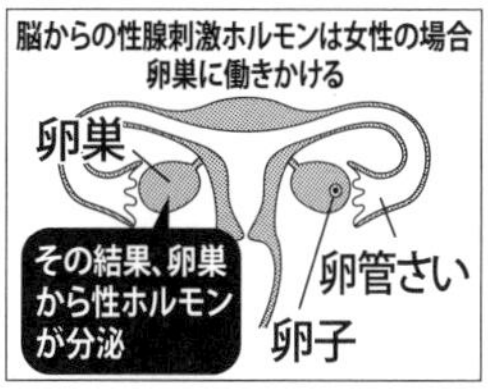

出典１から引用し一部加筆

③ 性ホルモンの働き

教員　　　　生徒たち

このようなからだの変化が起こるのは「ホルモン」が影響するからです。思春期になると「性ホルモン」が活発になります

▶〔S－02〕下垂体の位置

脳の視床下部の下垂体から指令が出て、性腺刺激ホルモンが分泌されます。それが血液にのって卵巣、精巣などに働きかけ、「女性ホルモン」、「男性ホルモン」が分泌されてからだの変化が起こります

ホルモンって何？

教科書には、ホルモンはからだの働きが安定するように調節している重要な物質とあるね。からだのいくつかの器官でつくられるホルモンは、血液や体液を通してからだ中をめぐるんだって。ホルモンの作用はまだまだ解明されてないことが多いみたいだよ。では、卵巣はどこにあるかわかる？

お腹の中じゃない

そうですね。女性のお腹の中にあります。卵巣については「月経」の授業の時に詳しく話すね

▶〔S－03〕女性の内性器

女性器の中の、ここが卵巣というところです。丸い形をしていています。この卵巣から出る「エストロゲン」「プロゲステロン」が女性ホルモンと呼ばれています。では、精巣はどこにあるかわかる？

キンタマ！

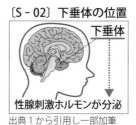

〔S－04〕男性器

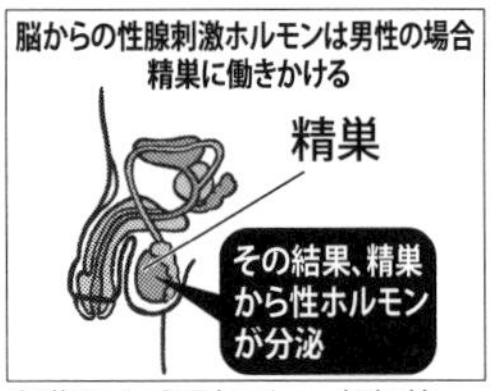

出典２から引用し一部加筆

〔S－05〕性ホルモン

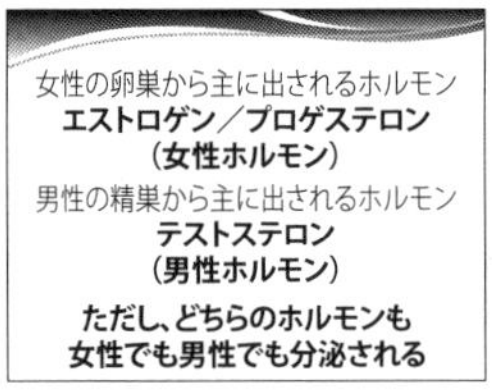

女性の卵巣から主に出されるホルモン
エストロゲン／プロゲステロン
（女性ホルモン）
男性の精巣から主に出されるホルモン
テストステロン
（男性ホルモン）
ただし、どちらのホルモンも
女性でも男性でも分泌される

〔S－06〕いろいろなからだつき

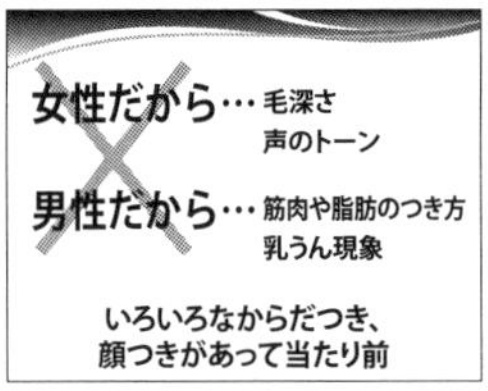

▶〔S－04〕男性器

そう、キンタマは「精巣」って言います。睾丸とも言ったりするね。その精巣などを包む皮膚の袋が「陰嚢」です。精巣から出る「テストステロン」が男性ホルモンと呼ばれています

▶〔S－05〕性ホルモン

ちなみに卵巣でも少量のテストステロンが作られます。
また精巣や副腎というところでもエストロゲンやプロゲステロンは作られています。
つまり、性別に関わらず女性ホルモンも男性ホルモンも出てるんです。
だから女子にもすね毛が生えたり、男子の胸にも変化があるのです。そしてそのバランスにも個人差があります

女子にすね毛が生えててもおかしくないんだ

なるほど、納得！

ほとんどの変化カードが男女両方にあてはまっていたもんね

▶〔S－06〕いろいろなからだつき

からだが変化する時期も、現れ方も個人差がかなりあります。
社会の中で女はこのからだ、男はこのからだって決めつけがちだけど、実はとっても多様なんだよね

個人差

その通り！

いろいろな人がいてもいいんだ

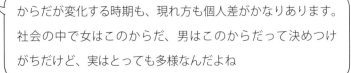

④ からだに対する悪口への対抗策

教員　　　　生徒たち

ここまで、からだの個人差について確認してきたけれど、からだについての悪口や陰口は残念ながらよく聞くよね。これについてみんなで考えよう。
ミニホワイトボードにグループで話し合った内容を書いて、黒板に貼りに来てください

考えてみよう、話し合ってみよう

からだの悪口を言われたら、どんな気持ちになる？

イヤな気持ちになるし、聞いてるのもイヤだ

学校に行きたくなくなる

「チビ」って言われたことがある

悲しいいし、むかつく

言っちゃったかも…

つらいし、泣きたくなる

そうだよね。みんなが話し合ってくれたように、からだの悪口を言うのは傷つけることになるよね。誰でもイヤだよね。
じゃあ、こうした悪口や陰口をなくすためにはどうしたらいいと思う？

〔S－07〕人権

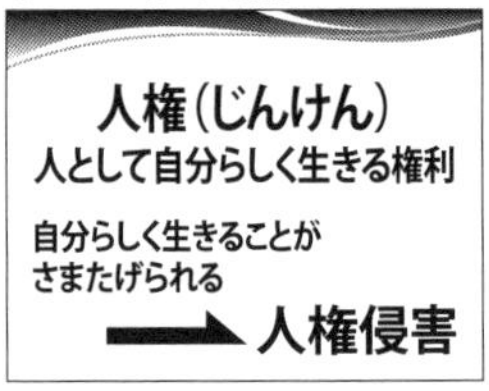

〔S－08〕性の学び

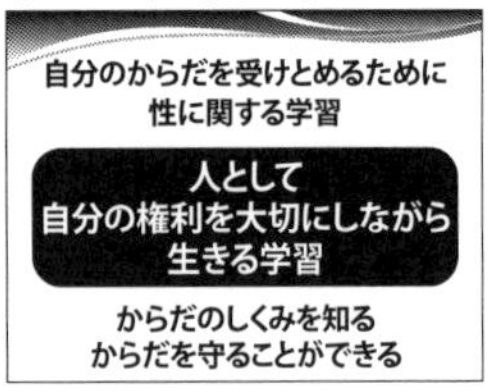

自分のからだを受けとめるために
性に関する学習
人として
自分の権利を大切にしながら
生きる学習
からだのしくみを知る
からだを守ることができる

考えてみよう、話し合ってみよう

そういう悪口や陰口を聞いたとき、今のみんなだったらなんて言う？

なおすことができないことを言っちゃだめだよ

完璧な人はいないよ

「みんなちがってみんないい」んだよ

からだの悪口を言う人は最低

人それぞれだよ

個人差があるって知らないの?

でもオレもっとデカくなりたい…

こうしたことが言えたらいいね。言われてつらい思いをしている友だちがいたら安心できるよね

▶〔S－07〕人権

みんなには安心して、健やかに生きる権利がある。「人権」です。からだそのものがあなたです。からだを馬鹿にしたり、からかうことは人権を侵害されたことになります

人権侵害！

▶〔S－08〕性の学び

今日は性機能の発達ということで、思春期のからだの変化について学習しました。このような性の学習は自分のからだを知るためにとても大切です。思春期であるみんなに不安や悩みがあるのは当然だよね。学ぶことで悩みや不安が解消でき、からだを守ることにつながります

この実践から見えてきたこと

グループワークによって行動が変容する

入学当初は人のからだの悪口を言うなどの暴言が絶えず、多くのトラブルが発生します。しかし、悪口を言われたらどうするかについてグループで考えることによって、悪口を言っていた生徒は自分の行動を振り返って改めようとする姿勢が見え、言われていた生徒も悪口を言う方が問題だと認識できることによって安心します。もちろん、悪口がすぐになくなるわけではありませんが、子どもたちの間で、「それはおかしい」「人権侵害」という言葉が出せるようになります。

自分のからだに安心する

教科書には「男性ホルモン、女性ホルモン」と記載されており、実践でもあえてその言葉を使いました。「女なのにすね毛やひげがあって毛深い」「男なのに声が高い」と悩んでいる生徒もいるため、男女とも男性ホルモンと女性ホルモンが分泌されることを伝えると、「おかしくないんだ」という安心感が生まれました。

男女の性差が強調されやすい授業ですが、実際、生徒たちとからだの変化のグループワークをすると、ほとんどの特徴が共通なものとして位置づけられます。それによって個人差があること、多様なからだであっていいという認識をもち、子どもたちが自分のからだに安心すると同時に、人権を尊重する姿勢につながっていきます。

より良い授業をつくるために

からだについての悪口や陰口について考えるグループワークでは「言われたらどう思うか」という質問に対しては「嫌だ」「ムカつく」など決まりきった答えが返ってくる傾向があります。この授業では扱っていませんが、「なぜ悪口を言ってしまうのか」ということも深めなければならない課題であり、悪口を言ってしまう子どもたちの背景を考え、寄り添うことも必要です。

『ガイダンス』の視点からの課題

主に関連するキーコンセプト
6「人間のからだと発達」

『ガイダンス』では、思春期の性的な発達の学びの課題として、思春期とは何か、からだやこころ、人間関係において、いつ、どのような変化が起こるのかが基盤にされています。思春期が、自分たちにとってストレスにもなるけれど、楽しみにもなるということを学んでいくことが示されています。

思春期とは何かを子ども自身が考え、その時期のこころとからだの変化を知ることは、思春期に感じるかもしれないモヤモヤや苛立ち、自分をうまく表現できないことなどの問題が、自分たちの成長の過程であることを理解し、安心してこの時期を乗りこえる基盤になります。

本授業は、学習指導要領に示されている内容を展開したものですが、学習指導要領では、「男女の違い」と「異性への関心」が強調されています。硬直的な男女の二分法と異性愛主義を前提としない授業づくりへの挑戦は、子どもたちが自分自身を肯定的に受けとめることを励まし、人間の多様性を認め、平等で公正な社会づくりにつながります。

男女差よりも個人差に着目することの重要性は、自分たちのボディイメージも人によって違うこと、さらにメディアによって自分たちの価値観がつくられていることの気づきにもつながります。それは、見た目を重視したり、外見で人を差別することが人権侵害であるという理解を深める学びです。

（田代美江子）

スライドの出典一覧
1　ミツキ「脳のイラスト」（イラスト AC）
2　megkmit「男性器の説明横向き版：文字なし」（イラスト AC）

ちょこっとエピソード
「言葉」がはじめの一歩です

「ちび！」「でぶ！」「はげ！」などの暴言が飛び交いケンカが始まる、まだまだ「幼い」中学１年生。でも、授業でからだの悪口は人権侵害であることを学んでから、あちこちで「人権侵害！」という言葉が飛び交うようになりました。まだ人権とは何かを深く学んでいない生徒たちですが、その言葉を使うとちょっぴりおとなになった気分のようです。

実践３　月経〈１年生〉全１時間

ねらい　月経を科学的に理解する

◀授業の展開▶

生徒の現状と課題	学習の到達点

① なぜ、月経を学ぶのか（→ p.50）

• 女子だけが学べばよいと思っている生徒が多い。 • 男子の多くは関心が薄く、理解していない。	• 性別に関係なく人間のからだを科学的に学ぶのは当然のこと（権利）であると理解する。（態度） • 月経は生殖に関わるしくみであり、産む、産まないは選択できることを知る。（知識）

② 月経の基本的知識の確認（→ p.51）

• 小学校で学んでいるが、月経のしくみは十分理解できていない。 • 女子だけ集められて月経指導をされた経験がある場合、女子は月経を隠さなければならないものとして、男子は「エッチなこと」としてネガティブにとらえていることが多い。	•「月経」のしくみを科学的に説明する。（知識） • 初経の時期や経血量、期間などには個人差があることを知る。（知識）

③ 月経周期のからだの状態を知る（→ p.53）

• 月経にともなうこころとからだの症状がなぜ起こるのかを理解しておらず、ネガティブにとらえている。	• ホルモンが起こす役割、月経周期を理解する。（知識） • 個人差があるものの、その時期に女子が経験する可能性のある様々な身体的症状や気持ちの変化を例示する。（知識）

④ セルフケアについて具体的な方法を知る（→ p.58）

• 主体的にセルフケアするという意識は薄い。 • 男子はセルフケアについての知識がほとんどない。	• これらのからだの変化への対応を明らかにする。（知識） • セルフケア（月経用品、低用量ピルなど）の方法を列挙する。（知識） • 困ったときに相談する方法を明らかにし、実際にやってみる。（スキル） • 月経を含むからだのプライバシーについて認識する。（態度）

〔S - 01〕女性の内性器の位置

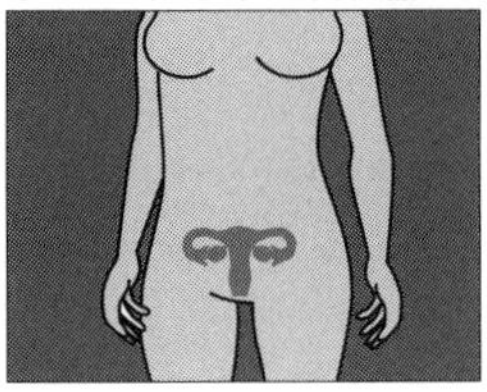

授業の流れ

① なぜ、月経を学ぶのか

教員　　　　**生徒たち**

前回の授業でスキャモンの発育曲線のように、思春期になると性ホルモンの影響で、からだに様々な変化が起きることを学んだね。多くの女性は思春期になると月経が始まります。みんなは「生理」という言葉を使うけれど、医学的な用語では「月経」と言うよ。今日は月経について学びましょう

男子に関係ないじゃん

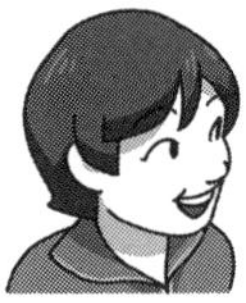

女子だけで授業したい

男子と一緒じゃ恥ずかしい

関係ないとか、恥ずかしいって思うんだね。なんでそう思うんだろうね？ そういうことも考えながら授業に参加してみてね。
皆さんの**アンケート**を見ると、「月経」という言葉を知らないと答えた人は、女子は 2%、男子は 53%でした。ほとんどの女子は知っていたけど、男子は知らないと答えた人が多かったね。小学校 4 年生の時に勉強したはずだけどな～。月経について知っていることやイメージを**アンケート**で聞いたら、正しいことを書いた人もいるけど、マイナスイメージをもっている人がたくさんいました。「アソコ」とか、「アレ」とかでなく、名前をきちんと知ってほしいな～

月経について知っていること・イメージ（アンケート結果から抜粋）

腹痛　腰痛　頭痛　イライラする　だるい　めんどくさい　アソコから血が出るので悪いイメージ　血（汚いもの）が出る　からだが重い　肛門から血が出る　女子に起こる　おとなに近づいている　1 か月に 1 回　血が出る　思春期に多い　赤ちゃんをつくるため

月経は生物学的には妊娠するしくみが整ってきたことも意味しています。人間は子どもを産む、産まないは自分の生き方の中で選択できます。妊娠しないからだの人もいます

〔S - 02〕内性器

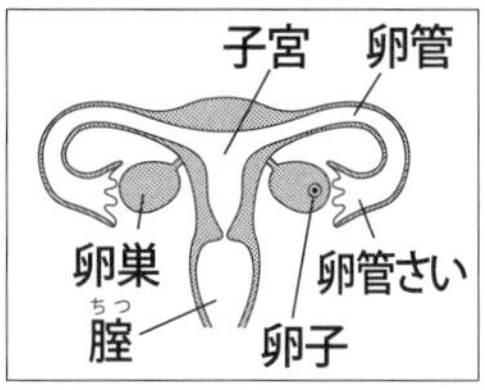

〔S - 03〕卵子

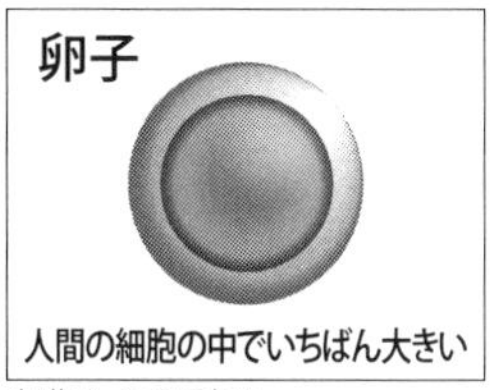

出典１から引用

〔S - 04〕排卵

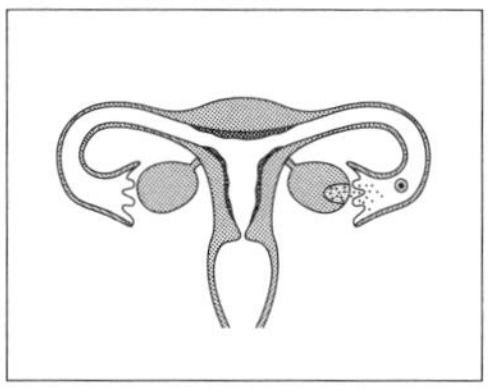

〔S - 05〕月経

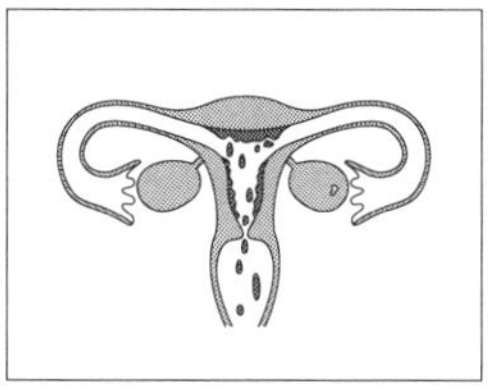

② 月経の基本的知識の確認

教員

生徒たち

では小学校の時に習ったことを復習しましょう

▶〔S - 01〕女性の内性器の位置

まず、内性器の位置を確認しましょう。おへその下の方にあり、大きさは鶏の卵くらいです

▶〔S - 02〕内性器

内性器を拡大してみましょう。卵子は「卵巣」というところでつくられます。卵巣は通常 2 〜 3 ㎝くらいの大きさで子宮の左右に 1 つずつあります。女性の多くは生まれる前から卵巣の中に卵子のもとを持っています。生まれた時は 200 万個あり、思春期になると 20 〜 30 万個になり、年とともにその数は減ります

▶〔S - 03〕卵子

卵子の大きさは約 0.1 mm。人間の細胞で一番大きいものです。遺伝子を持つ DNA が入っています

▶〔S - 04〕排卵

ホルモンによって卵巣の中で成熟した卵子が 1 か月に 1 つ放出されます。これを「排卵」と言います。これに合わせて子宮内膜が少しずつ厚くなります。卵子は 1 日たつと自然消滅します

▶〔S - 05〕月経

排卵後、受精卵が着床しなければ、12 〜 16 日で子宮内膜は子宮口、腟を通って外に出ます。この現象を「月経」と言い、出てくるものを「経血」と言います。経血はけがをした時のような出方ではなく、50%は子宮内膜の組織や分泌物が混ざって、ゆっくり 3 日から 5 日かけて腟から外に出ます。経血は合計 20 〜 140 ㎖。多くの場合 25 〜 38 日に 1 度のペースで月経が起こりますが、これらについては個人差がかなりあります

〔S－06〕女性の外性器　〔S－07〕初経の時期

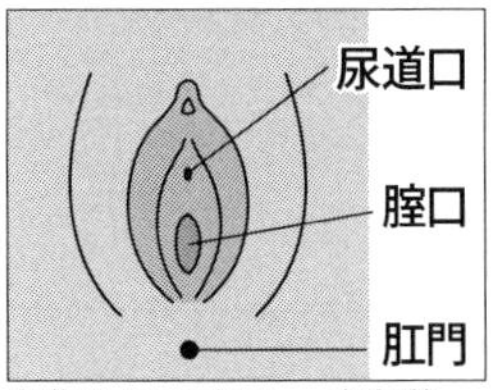

出典2から引用し一部加筆

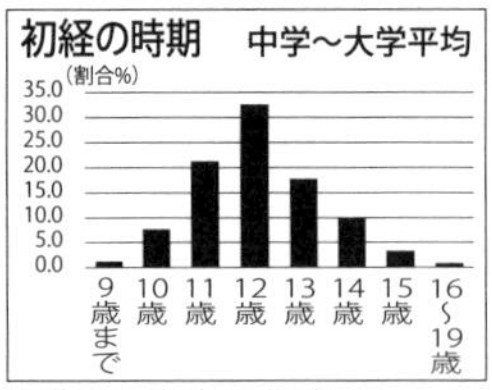

出典3を参考に作成

▶〔S－06〕女性の外性器

経血が出る「膣」の位置を外性器の図で確認します。女性は尿をする尿道口と、便をする肛門の間に膣の入り口である「膣口」があります。膣の奥は子宮につながっています

膣ってどこにあるの？

お尻のこと？

おしっこするところとは別なの？

女子の外性器は見るのがちょっと大変かもしれません。鏡を使って確認してみるのもいいですね

✓ここでのポイント

外性器については様々な資料があります。学校や生徒の状況に合わせて活用してください。
参考例として、『あっ！そうなんだ！性と生』があります。（浅井春夫、安達倭雅子、北山ひと美、中野久恵、星野恵編、勝部真規子絵、エイデル研究所、2014）

▶〔S－07〕初経の時期

卵巣と子宮がある人の多くには月経が起こります。初めての月経を「初経」と言います。12歳が平均ですが、9歳から16歳の幅があり、個人差があります。もし、16歳で来なければ、婦人科（女性クリニック）に相談することをおすすめします。
月経は50歳ごろまで続きます。女性は約35年から40年間で400回くらいの月経を経験することになります

まだ来てないから心配してたけど、人によって違うんだね

400回！ そんなに！

やだなあ

長く付き合うことになるから、できるだけ快適に過ごす方法を考えていきたいね

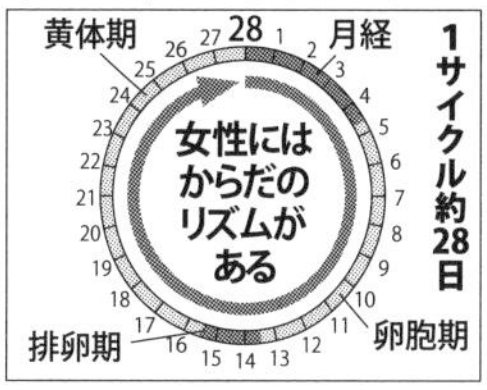

③ 月経周期のからだの状態を知る

教員　　**生徒たち**

▶〔S－08〕からだのリズム

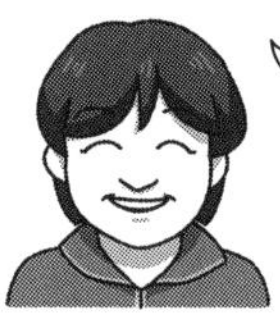

月経がある人のからだにはリズムがあって、卵胞期、排卵期、黄体期、月経が繰り返されています。からだはどんな状態かを学習したいと思います

考えてみよう、話し合ってみよう

各グループに月経周期の図と、4枚の内性器の状態を示したカード（A～D）を配ります。図を見ながら、どのカードがどこにあてはまるのかを各グループで考え、ミニホワイトボードに貼っていきましょう。仕上がったらボードを前の黒板に貼ってね

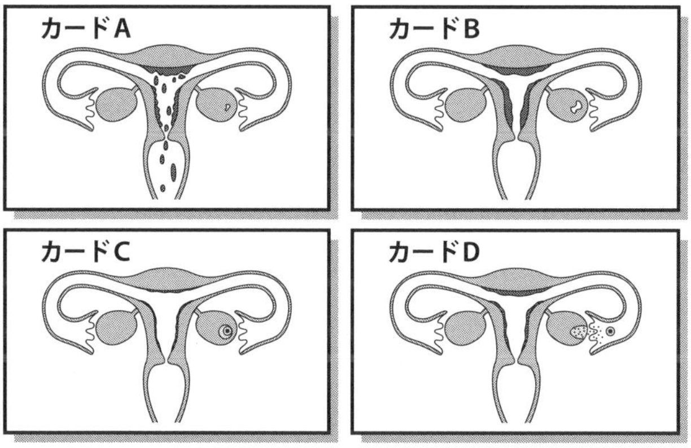

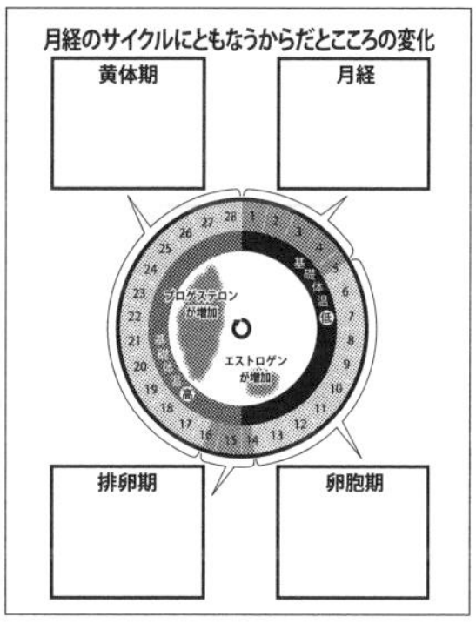

月経周期の図（拡大版は p.64 参照）

卵巣から卵子が出るからこれが排卵期だよ

卵子がないのはここじゃない？さっき先生が卵子は1日で消えるって言ったよ

はがれおちるのが月経だよね

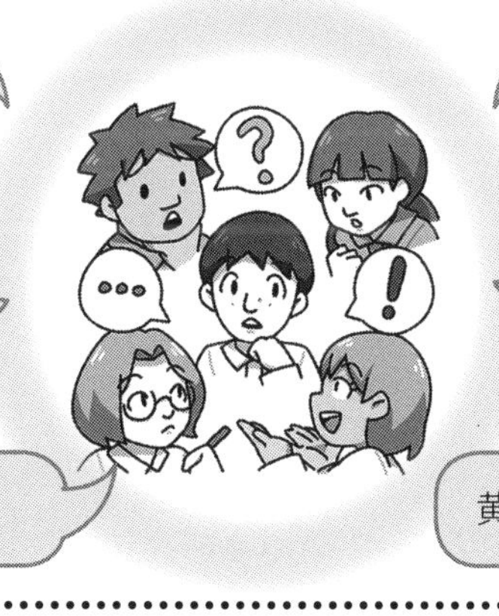

膣から血が出るのが月経だよね

子宮内膜がだんだん厚くなるのはここじゃない？

黄体期、卵胞期って何だ？

☑ ここでのポイント

このグループワークでは、月経周期の表を見ながら、心身に起こる変化を考えます。1段階目のワークでは内性器の様子を、2段階目のワークでは心身の様子に着目し、それぞれ考えて貼ってもらっています。
各グループで考えてもらった後、教員が解説とともに正解を前に貼り出します。生徒たちは正解を見ながらカードを正しい位置に貼り替えます。

☑ ここでのポイント

月経から黄体期までが一直線に並んだグラフだと、月経が一生に1回だととらえる生徒もいます。そのため、ここでは周期性が伝わりやすい円形の図を使用しています。どちらの図を使う場合でも、月経は繰り返し起こるものであるということを確認することが大切です。

みんな、いろいろ考えて貼ってくれましたね。**カードA**は、子宮内膜が流れ落ちているから月経のところだね。何日か経つと排卵が起こって卵子が卵巣から出てくるので、卵子が出る前の**カードC**と、排卵後の**カードD**が貼れるね。その後、卵子は卵管を移動するけど、約1日で消滅してしまうよ。その代わりに次の月経の準備で子宮内膜が厚くなっていくので黄体期のところに**カードB**が貼れるね。（正解はp.64に掲載）。では、自分のグループのボードを見て、正しい位置に貼れているか確認して、違っていたら貼り直してください

月経周期の図をよく見てみると、周期に合わせて微少な体温の変化があります。排卵を境目に月経が始まるまでは高温。月経が始まってから排卵が始まるまでは低温になります。これは専用の「基礎体温計」で測ることができます。朝、目覚めて活動する前に測ります。基礎体温を測り続けることによって、もうすぐ排卵がくる、もうすぐ月経がくると、ある程度予測することができるんだよ。手帳に記録して自分のからだのリズムを調べるとおもしろいですよ。最近はデータを記録して月経周期を確認できるアプリもあるんだよ

基礎体温計はドラッグストアに売っています。
小数第２位まで測れるんだよ

男子も変化あるのかなあ

男子は基礎体温のような変化はありません

考えてみよう、話し合ってみよう

月経の周期によってからだやこころに変化が出ます。でもこれはかなり個人差があって、症状が全く出ない人もいるし、強く出る人もいます。では、次の問題です。①〜④のカードを配ります。月経周期の図のＡ〜Ｄのどこに当てはまるかみんなで考え、さっきのボードに付け加えて貼ってください。できたら理由も聞きたいな

カード①
こころもからだも元気で安定している

カード②
頭痛、イライラ、吹き出物などが現れやすく、体調が不安定

カード③
おなかや腰が痛くなる

カード④
性交をすると妊娠する可能性が高い

お腹痛くなるのは月経の時だよ

卵子が出るんだから、ここが妊娠しやすいんじゃない？

女は大変だなあ

元気な時期なんてあるんだ

私は全然変わらない。いつも元気

生理前は落ち込むって聞いたことがある

✓ ここでのポイント

話し合いの中で、個人の経験をさらす、さらされることのないように気をつけましょう。「からだやこころの変化はホルモンの影響によることもある」などのヒントを出すことが大切です。

〔S－09〕卵胞期

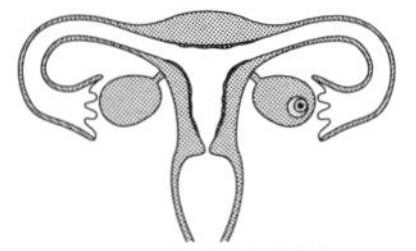

こころもからだも
元気で安定している

カードC・カード①

〔S－10〕排卵期

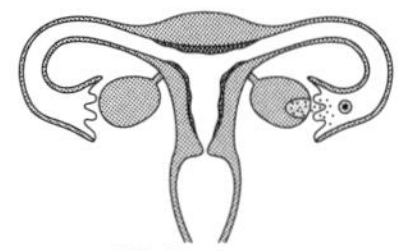

性交すると
妊娠する可能性が高い

カードD・カード④

〔S－11〕黄体期

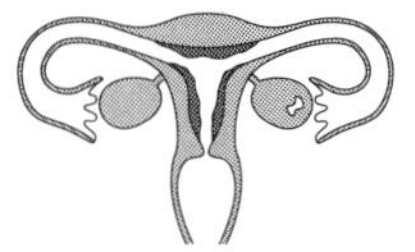

頭痛、イライラ、吹き出物などが
現れやすく、体調が不安定

カードB・カード②

〔S－12〕月経

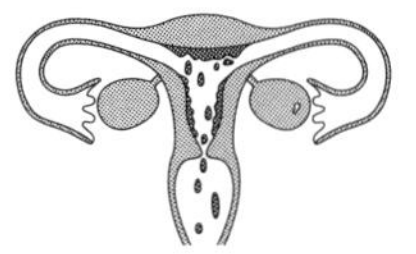

おなかや腰が痛くなる

カードA・カード③

どんな時期かわかったかな？　正解は、**カードC**はこころもからだも元気で安定している時期（**カード①**）、**カードD**は性交をすると妊娠する可能性がある時期（**カード④**）、**カードB**は体調が不安定で、頭痛、イライラ、吹き出物などが現れやすい時期（**カード②**）、**カードA**はお腹や腰が痛くなったりする時期（**カード③**）です（正解は p.64 に掲載）。自分のグループのものと見比べて、もし違っていたら正しい位置に貼りなおしてください

＊〔資料 2〕を配布する（p.64 参照）

▶〔S－09〕卵胞期

「卵胞期」は周期の中で比較的こころもからだも元気で安定しています。この時期は、おりものという透明の分泌液が腟から多く出ることがあります。おりものはずっと出続けていて、からだを細菌から守るために大切な役割をしています

おりものは病気だと思ってた

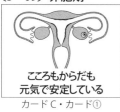

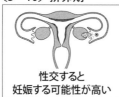

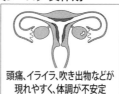

▶〔S－10〕排卵期

おりものは病気ではありません。おりものの様子を見るとからだの状態もわかるよ。次に来るのは「排卵期」です。排卵している時期に性交すると、妊娠する可能性があります。妊娠したら月経は止まります

▶〔S－11〕黄体期

その次は「黄体期」です。特に月経前は気持ちがふさぎ込んだり、頭が痛くなったりするなどの症状が出る人もいます。こうした症状がとても強く、活動に影響が出る場合、月経前症候群（PMS）の可能性があります

▶〔S－12〕月経

そして、「月経」が来ます。経血を押し出すために子宮が収縮するので、腹痛や腰痛などが起こる人もいます。これを月経痛と言いますが、かなり個人差があります

月経は病気ではないので、普段と同じ行動をして大丈夫です。
人によっては腹痛、頭痛などの症状が出る場合があります。つらいときは休んでもいいんだよ

部活も体育もやっていいんだ

やってもいいんだよ。できるだけ快適に過ごしたいよね。
では今まで学んだことをまとめたワークシートを配ります。確認してください。
実はこのようなからだとこころの変化は「ホルモン」の影響によって現れます。主にエストロゲンとプロゲステロンというホルモンが出されることで変化が起こります。
ワークシートにあるエストロゲンとプロゲステロンを確認してください。
また、ダイエットのしすぎなどで月経が止まることがあります。特にエストロゲンは骨を強くするホルモンでもあります。スポーツ選手も無理な体重制限により月経が止まり、疲労骨折を起こしやすくなります。だから閉経になると、骨を丈夫にするエストロゲンが少なくなって、骨がもろくなる可能性があります。また、強いストレスでも月経が止まることもあります

やせすぎて月経が止まったスポーツ選手がいた

月経って敏感なんだ

ホルモンの働きが骨とも関係しているんだね

月経っていろいろなことと関係していて、からだの状態に気づくきっかけになるよね

ちょこっとエピソード
水飲み場で見つけたやさしさ

水飲み場の下に使っていないナプキンが落ちていることを、私の肩を叩いてそっと知らせに来た男子がいました。もし、授業をやっていなかったら、おもしろおかしく、ナプキンを囲んで指をさし、ギャーギャーとわめき、笑い声が上がっていたのではと想像します。

〔S－13〕ナプキン

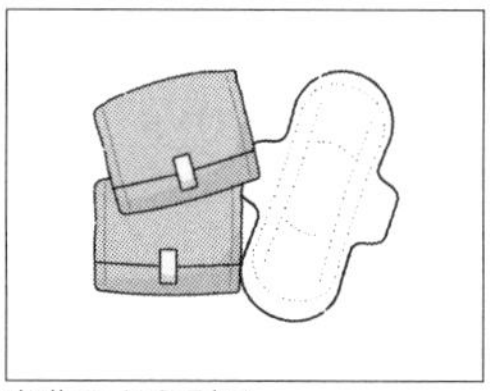

出典2から引用

④ セルフケアについて具体的な方法を知る

教員　　生徒たち

月経中を快適に過ごすためにはいろいろな方法があります

▶〔S－13〕ナプキン

経血を受けとめる「ナプキン」にはいろいろな種類があり、量によって変えることもできるので自分で選べるとよいですね。
かぶれにくいものもあるし、布ナプキンと言うものもあります

俺のお母さん持ってるって言ってた

洗って使えるからエコだね

私は使い捨てがいいな

激しい運動をしたり、量が多いときには膣に入れる「タンポン」があります。これは自分の性器のしくみがわかっていればうまく入れることができます。タンポンを付けたままお風呂やプールにも入れます

旅行の時、生理でもお風呂にみんなと入れるんだ

プールも入れるんだ

部活の時、いいよね

最近、月経カップや生理用ショーツも話題になり、月経時をいかに快適に過ごせるか、たくさん研究されています。おりものが気になる人は、おりもの専用シートもあります

たくさん種類があるんだね

見てみたい。選ぶのが楽しそう

〔S－14〕低用量ピル

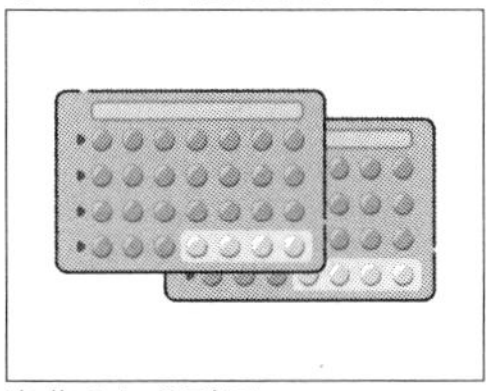

出典２から引用

また、使用したナプキンはきちんと丸めてサニタリーボックスに入れること、トイレを使用したら、次の人が気持ちよく使えるようトイレを点検することがマナーです。
そして、性器を清潔にしましょう。便の中の大腸菌が膣や尿道に入る可能性があるので、ペーパーで後ろから前にふかないことが大切です。お風呂に入るときは、お湯をかけて優しく洗いましょう

月経のことで一番多い悩みは「月経痛」です

立てないくらい、つらい

あるある

いつも保健室に行ってる。お腹を温めるといいって言ってた

そうだね。月経痛を和らげる体操などもあるんだよ。月経の度にいつも痛くてつらいのは大変だよね。改善できるいろいろな方法を知っておくといいね

そんなのあるの？

痛みがひどい場合は無理せず、市販の薬を使ってもいいんだよ

薬、飲んでいいの？

毎回、飲んでいいの？

大丈夫ですよ。大切なのは我慢しないこと。薬についてはおうちの人と相談しながら自分に合うのが見つかるといいね。月経がくると憂鬱になる方がもっとつらい人もいるよ

▶〔S－14〕低用量ピル

市販の薬以外にも婦人科の病院に行けば月経痛をやわらげる効果的な薬を出してもらえます。これは「低用量ピル」と言います。月経痛が重くて、受験など自分の大切なイベントの時と重なって不安な時は、月経をずらすこともできるんだよ

そうなんだ、ずらせるんだ

婦人科って、妊娠している人が行くところって感じ

ちょっと行きにくいなあ

婦人科では月経の悩みにも対応してくれるんだよ。いつでも相談できるお医者さんがいてくれると安心だよね。月経痛だけでなく、女性のからだについて様々な相談ができます

✓ ここでのポイント

子どもたちにとって、婦人科はあまり身近な存在ではありません。「かかりつけ医」のような感じで、近くの婦人科を紹介してもよいでしょう。

また、会社などでは生理休暇が認められています

そうなんだ

学校にもあればいいのに

でも休みにくいよね

みんなが生理のことを知っていれば休みやすいかも

男子も知っていることが大事だね

そう、だからみんなで一緒に勉強しなきゃね。月経も含め、自分のからだを管理できるといいね。からだのことを知ったり、自分の性器も含め、からだのどこが気持ちいいかを知ることも大切なことなんだよ。そして、月経はからだの大切な働きでプライバシーに関わることです。月経のことでからかったり、冷やかしたりすることってどう思う？

ありえない

マジ、ムカつく

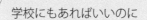

わかってないから冷やかしたりするんだよね

紹介したWEBサイト　→ p.224 参照

- 生理のミカタ
- 性を学ぶセクソロジー
- ココカラ学園

そうだね。学習すれば、月経は恥ずかしいことではないし、からかうことではないとわかるよね。小学校の時に、女子だけで月経の学習をした経験がある人もいると思います。
それでなんとなく、特に男子には隠さなければならないことって思っているかも知れないけれど、月経についてオープンに悩みやナプキンのことなんかも情報交換できるといいよね

隠さなくてもいいことだって思えれば、相談もしやすくなるかも

さあ、この授業をやってどうでした？ 女子も男子も少しでも前向きに月経をとらえられたらよいけど、人によっては嫌だなと思う人もいるかもしれない。とらえ方にも個人差があるよね。困ったことがあったら、身近なおとなに相談しましょう。相談できることは成長の証です。月経についてもっと知りたい人は上に紹介するサイトを覗いてみてください。
自分のからだのしくみを知ることや、セルフケアの方法を知ることは、心地よく過ごすことにつながります。これからも性の学習をしていきましょう

考えてみよう、話し合ってみよう

「へえ、そうなんだ！」と新たに知ったこと、驚いたこと、質問を出し合おう

お母さんのトイレのあの
ナプキンの秘密がわかった

いろいろなことがわかって安心した。
月経とうまく付き合いたい

1人で悩まなくてもいいんだ。
今度、女子だけでも月経の
話し合いをしてみたい

4つのリズムがあるなんて驚いた。
男子もリズムがあるのかな

体調悪い時、女子を
いたわりたい

やっぱり、めんどくさい。
でもいろいろと知れた

この実践から見えてきたこと

自分と異なる性についても学ぶのは「ともに生きるため」

月経のメカニズムを科学的に伝えることで男子も興味を示し、真剣に学んでくれます。セルフケアについても男子生徒からは「お母さんの秘密がわかった」「お母さんのからだの中で、こんなことが起こっている。機嫌が悪いときはそっとしておいてあげたい」など、身近な自分たちの経験に引きつけた感想が多くありました。また、多くの女子生徒からは「もっと男子に月経のことを知ってもらいたい」という意見が出ていました。自分と違う性について学ぶことは、学校生活の中で、そして社会に出てから、ともに生きていくために大切なことと生徒は認識していると確信しました。

教材の工夫と学び合い

当初は、月経のしくみを一方的に説明していた時もありました。その時は食いつきが悪く、十分理解したとは言い難い状況でした。そこで、周期のダイナミックな変化を具体的な教材を使いながら考える形にしたことで、からだの状態を意識し、月経を単に妊娠につなげるのではなく、月経とどううまく付き合っていくかというセルフケアにまでつなげることができました。また、生徒同士で考え合うワークを取り入れることで小学校までの学びを楽しみながら確認することができます。同時に、性的違和がある生徒がいることも考えて、「素敵なからだ」という言葉で発信するのではなく、「不快」に思うことを否定しないよう配慮しました。

より良い授業をつくるために

自分のからだをケアする力をつけるためにも生徒自身が主体的に学ぶことが求められます。そのため、同じ性の仲間と「月経」についての悩みを出し合う機会を設けるなど、真剣に「性」を語り合う場をおとなの側がつくっていくことは重要です。

また、授業だけでは十分でないため、様々なサイトを積極的に発信していくこともしています。良質な性の情報を得るためにも授業者自身がアンテナを高くし、良質な性の情報を得る意識をもちましょう。

月経に限らず、性について学び合い、話し合うことは、性をポジティブにとらえる基盤になりますが、なんでも口に出したりたずねたりすることとは違います。プライバシーを尊重することについてもおさえていくことは大切なポイントです。

『ガイダンス』の視点からの課題

主に関連するキーコンセプト

6「人間のからだと発達」
2「価値観、人権、文化、セクシュアリティ」

性教育の内容はとても広いのですが、日本で比較的、学んだ経験がある人が多いのは月経のテーマかと思います。ただ宿泊合宿の前などに女子だけ集められて説明を聞いていたり、必要以上に生殖に結び付けられた内容であったりすることも少なくありません。

本授業の自分のからだやこころを知り、セルフケアをする、何か困ったときには相談をするというプロセスは全てのテーマに共通しています。月経が生殖に関わることをおさえつつも、その選択の多様性にも触れています。また、この授業は本書 p.7 にあるように指導計画の最初の方に位置づいています。前半で小学校での学びを確認していますが、ここでは性について知っていることや考えていることといった性の価値観を共有するという時間でもあります。性について話すことと同時に、プライバシーを大切にすることについて最後に確認しています。これは男性の射精の授業でも同様の展開となっています。

『ガイダンス』では前期思春期に月経を含む様々な身体的、感情的変化がどのように起きるのか、そして様々な変化に対するセルフケアやどのように対応していくか、信頼できる情報をどのように集めるか、月経を秘密やスティグマとして扱わないといった内容が含まれています。また、女性と男性の類似点と相違点、個人差が意識されています。ここでの課題は女性と男性の相違点だけではなく、多くの類似点や個人差をどのように位置づけられるか、どのような言葉で語るかという点です。ここには教員自身の価値観も問われますから、複数人で議論しながら実践を編成していきましょう。

（艮 香織）

スライドの出典一覧
1 Dandelion3「卵子」（イラスト AC）
2 佐藤ちと「女性の外陰部」、「生理ナプキンのセット」、「低用量ピル」（性教育いらすと）
3 日本性教育協会『「若者の性」白書　第 8 回青少年の性行動全国調査報告』（小学館、2019）

月経のサイクルにともなうからだとこころの変化

黄体期

カードB

カード②
頭痛、イライラ、吹き出物などが
現れやすく、体調が不安定

月経

カードA

カード③
おなかや腰が痛くなる

プロゲステロン
が増加

基礎体温 低

基礎体温 高

エストロゲン
が増加

排卵期

カードD

カード④
性交をすると
妊娠する可能性が高い

卵胞期

カードC

カード①
こころもからだも
元気で安定している

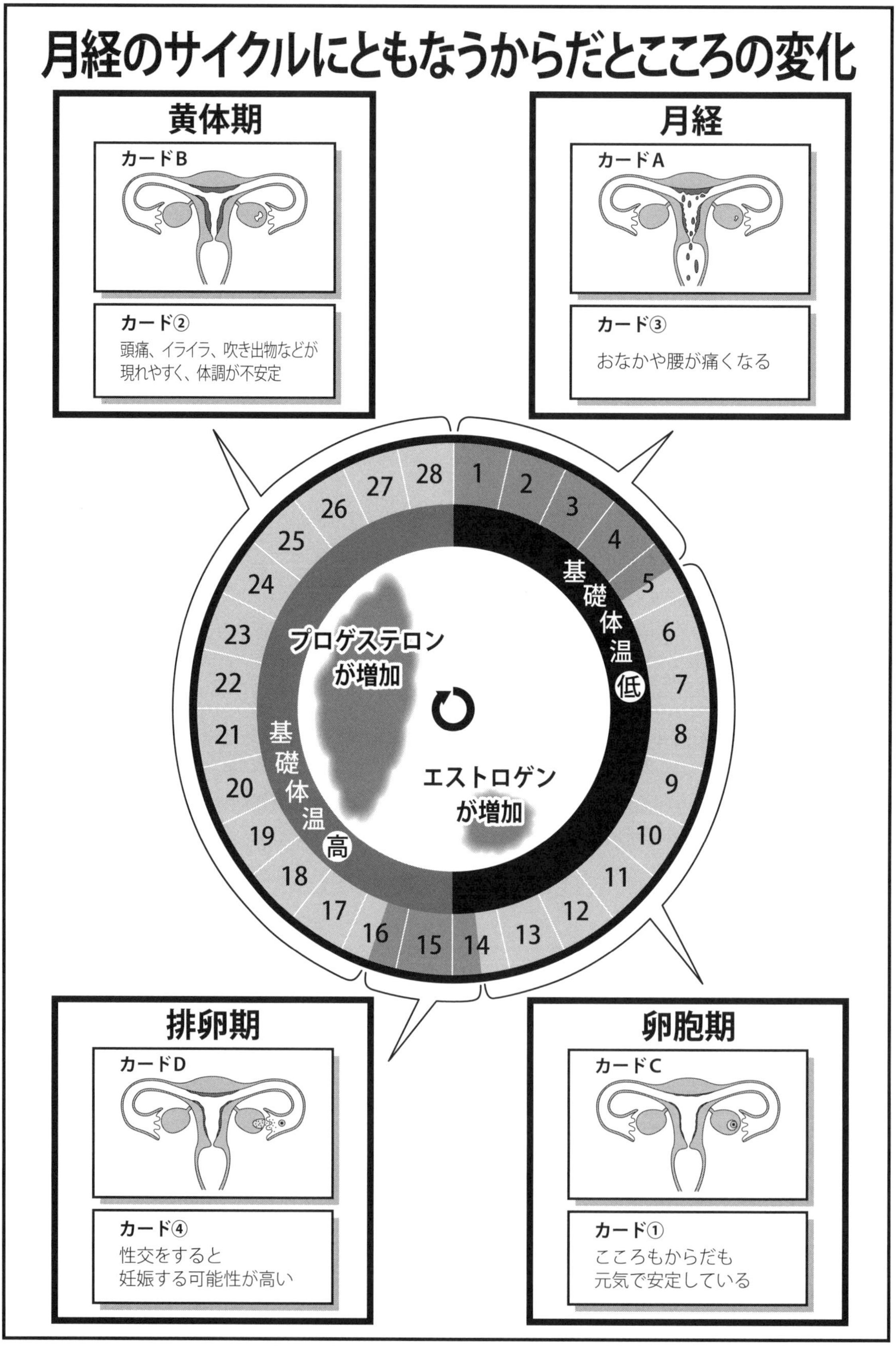

対馬ルリ子『女も知らない女のカラダ』（リュウ・ブックス アステ新書、経済界、2009）を参考に作成

実践 4 射精〈1 学年〉全1時間
ねらい 射精を科学的に理解する

◀授業の展開▶

生徒の現状と課題	学習の到達点

① なぜ、射精を学ぶのか （→ p.66）

• 男子だけが学べばよいととらえており、多くの女子は知識も興味もない。 • 小学校で学んでいる。興味関心はあるが、知識が乏しく、ネガティブにとらえている。	• 性別に関係なく、人間のからだを科学的に学ぶのは当然のこと（権利）であると理解する。（態度） • 射精は生殖に関わるしくみであり、産む、産まないは選択できることを知る。（理解）

② 射精のしくみ （→ p.68）

• 科学的に理解できていない部分が多々あり、間違った情報を得ている。	• 勃起、精子の動き、射精のしくみを科学的に説明する。（知識） • 精通の時期や精子、精液の量、色などには個人差があることを知る。（知識）

③ プライバシーを守るためには （→ p.77）

• 「ふざけ」と称して、暴力的行為をする、されるケースがある。 • 性的虐待を受けている可能性もある。	• 人の性器を無断で触る、見る、見せる行為は暴力であること、誰もが「からだの権利」をもつことを認識する。（態度） • プライバシーを守り、望まない性的扱いに対抗する方法を考え実際にやってみる。（スキル）

④ 悩みに対応できるように （→ p.79）

• 間違った情報を信じやすく、自分のからだに不安や劣等感をもつことがある。	• 誰のからだも様々な機能、特徴があり、個々に異なることを説明する。（知識） • 信頼できる情報を得る様々な方法や相談先を明確にする。（知識）

授業の流れ

① なぜ、射精を学ぶのか

教員　　　生徒たち

思春期に「性機能」に関わる器官が急激に発達することを学んだね。そして、前回は「月経」について学びましたね。
男性の多くは、成長すると「射精」という現象を経験します。皆さんの**アンケート**を見ると、射精について「知らない・わからない」と答えた人は、男子は42%、女子は73%でした。射精については多くの女子が知らないんだね。男子でも4割の人が、自分のからだに起こることなのに知らないと答えていました。だから今日は射精についてしっかり学びましょう

にやにや

エロい！

え〜

いま射精って聞いてエッチなことだと思って笑ってるね。それって関心があることの表れだよね。性のことはあなたたちにとって一番関心があることかもしれませんね。興味や関心があることはいいこと。自分のからだに関心をもつことは大切なこと。すでに射精を経験した人もいるかもしれません。これから人生の長い年月、付き合っていくわけです。だから今日は科学的に学びます

男女別に授業したい

女子には関係ないじゃん

女子と一緒じゃ恥ずかしい

関係ないとか、恥ずかしいって思うんだね。なんでそう思うんだろうね？
そういうことも考えながら授業に参加してみてね

皆さんに射精について、知っていることやイメージを事前に書いてもらいました。その結果を見てみましょう。正しいこともあったけど、残念ながら、マイナスイメージをもつ人が多くいたね

射精について知っていること・イメージ（アンケート結果から抜粋）

精子を出す　精液を出す　赤ちゃんをつくるために必要　白い液体　キモい　エロい
汚い　ち○こから出る　下ネタ　くさい　変態　言葉を知りたくない

にやにや

誰だよ、あれ書いたの

やべぇ

ちゃんと知っている人もいれば、良くないもののように考えている人もいるね。でも「汚い」とか「変態」って思いながら、一生を送るってつらくない？ 射精ってそういうものじゃないんだよね。だからちゃんと勉強しようね。
射精ができるということは、生物学的には妊娠に結びつく可能性があることを意味しています。しかし、人間は子どもを産む・産まないを自分の生き方の中で選択できるし、からだなどの事情で子どもをつくれない人もいるんだよ

ちょこっとエピソード

射精の授業、誰が教える？

「僕が月経の授業をやるから、樋上先生は射精の授業をやってください！」と「性別に関わらず、学ぶことの大切さ」を納得した体育科の男性教諭が提案してくれました。

〔S - 01〕内性器

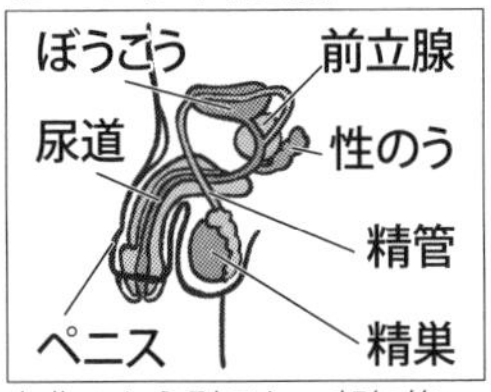

出典１から引用し一部加筆

〔S - 02〕ぼっ起

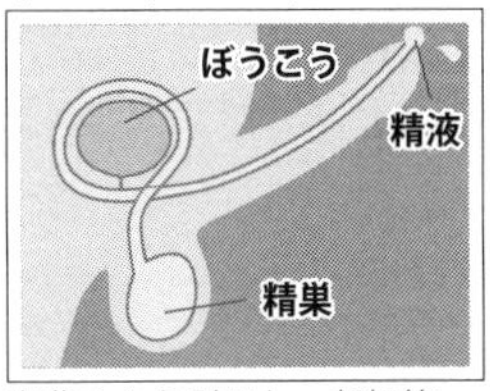

出典２から引用し一部加筆

② 射精のしくみ

教員　　　　生徒たち

(1) 正しい名称

▶〔S - 01〕内性器

男性の内性器を横から見たイラストです。
それぞれの部分の名前知ってる？

金玉!!

チンチン

日常的にはそう呼んでるよね。でも、そういう呼び方ではなく、「性器」「ペニス」「精巣」など、正式な名前を使って、からだを科学的に見ていこう。男性器には、「陰茎（ペニス）」、「精巣」、「精管」、「前立腺」、「精のう」、「膀胱」があります。おとなになると精巣で精子がつくられ、精巣がある人の多くは射精を経験します。射精とは勃起したペニスから精子を含んだ体液が出ることです

(2) 勃起のしくみ

さあ、ここからはグループ対抗クイズ大会を行います！　①から③のカードを配るので、グループで話し合い、正しいと思うカードをあげてください

▶〔S - 02〕ぼっ起

射精するときは「勃起」が起こるのですが、勃起って知ってる？
ペニスが起(た)つことです

おまえこういうの得意だろ！

クスクス

笑っている人もいるけど、なんで笑っちゃうの？ 射精が始まっていない幼い子どもでも生理現象として勃起することがあるんだよ。１日に何回も起(た)つことはあり、病気ではありません。では、どんなしくみで勃起するのでしょう

〔S－03〕ペニスの構造

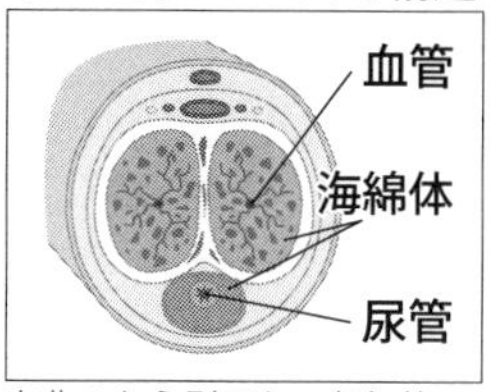

出典3から引用し一部加筆

考えてみよう、話し合ってみよう

では3択クイズです。男性の性器は勃起することがあります。勃起するしくみとして正しいものはどれでしょう

① 骨が性器に入り込む
② 筋肉が硬直（こうちょく）する
③ 性器に血液が集まる

男子ってどうなの？

血管が通っているのかなあ

骨が入ることはあり得ない

筋肉はありそう

普段は柔らかいんだよね

②の筋肉を選んでいるグループも結構あるね。何で筋肉だって思うの？

ほら、ここの腕の筋肉だっていつもは柔らかいけど力入れると硬くなるよ

▶〔S－03〕ペニスの構造

なるほど。でも、**正解は③です**。これはペニスの断面図です。性器の中の海綿体というスポンジのようなところに血液がどっと入り込み、膨張して固くなります。海綿体が大きくなるため、起（た）つしくみとなっています

男なのに知らなかった

筋肉じゃないんだ

血液が入ったら重くなるから、垂れ下がるんじゃないのか

〔S－04〕精通の時期

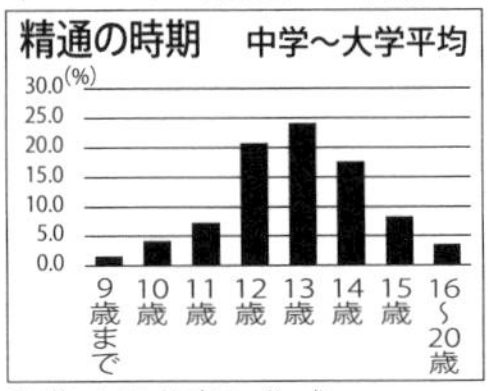

出典 4 を参考に作成

〔S－05〕精子

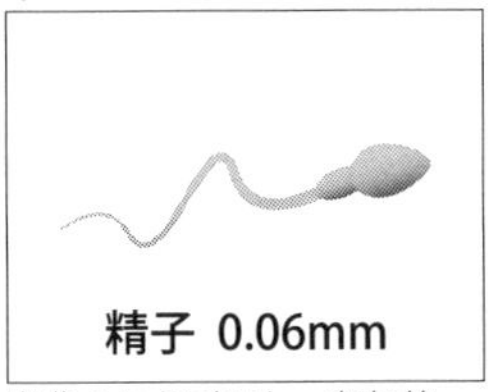

出典 5 から引用し一部加筆

(3) 射精が始まる時期

▶〔S－04〕精通の時期

勃起したペニスから、精子を含む白っぽいねばねばした体液が出ることを「射精」と呼び、その体液を「精液」と言います。初めての射精を「精通」と言い、13 歳の頃に精通を迎える人が多いですが個人差があります。月経と違って定期的にくるものでなく、自分で射精することができます。精通の時期には個人差があるので、18 歳になっても精通が起こらなくて不安になったりしたときは泌尿器科などに相談に行きましょう

(4) 精子を知る

精液には、精巣でつくられた「精子」が含まれています。ここからは精子について勉強しましょう

▶〔S－05〕精子

精子の大きさは約 0.06 mm。顕微鏡でしか見ることができません。からだの中で一番小さい細胞です。尻尾のようなものがついており、精子は移動することができます

キモい。こんなのが僕の中にいるの？

何で尻尾があるんだ？

女性のからだに入ったとき、卵子のところへ移動できるようになっています。
精子の先端には何が入っていると思う？

心臓

細胞

脳

実は、精子の先端には遺伝子を持つ DNA がぎっしり入っているんだよ。次は、精子の数について確認しましょう

考えてみよう、話し合ってみよう

では３択クイズ、２問目です。精巣の中で１日につくられる精子の数はどれくらいでしょうか？

① 100
② 7000 万
③ ２億から３億

聞いたことがある

いっぱいなのは確か

２億って聞いたような

そんなにいっぱいあるの

知らねえよ

正解は②です。精巣で１日約 7000 万の精子がつくられます。体調や気温などの環境によって大きく変化します。つくられない人もいます

すげー !! こんなにたくさんつくっているんだ！

（5）射精のしくみ

精液は、精のうから出る精しょうや前立腺から出る液体と精子が混ざったものです。精液が、尿道を通ってペニスの先から外へ飛び出すことを「射精」と言います。１回の射精で出る精液の量は平均で 3ml ぐらい、ティースプーン１杯くらいと言われていますが、個人差や体調によってその量は違ってきます。１回の射精で出される精液の中には、約２～３億の精子が入っています。色は白っぽく、ちょっと黄色がかったりすることもあります

痛くないの？

痛くありません。気持ちよさを伴うことがあります

女子みたいに血は出ないの？

血は出ません。白っぽいジェルのような感じ

月経みたいに月に１度あるの？

月経と違い、自分の意思で自分で自分の性器を触って勃起させ、精液を外に出すことが可能です。詳しいことは後で勉強するね

考えてみよう、話し合ってみよう

では、次のクイズです。項目ごとにグループで話し合ってみてください。射精についての問題です。正しいものはどれでしょう

① 精巣で精子が毎日 7000 万つくられるので、精巣がパンクしないように、定期的に射精する必要がある

パンクしたらやばいよね

精子がたまるということは性欲がたまるということじゃない？

毎日出したら、精子がなくなるの？

性欲がたまったら、やばいよね。出さなきゃだめだよ

たまったら、どこいくの？

何で、男子わからないの？

② 精液がねばねばしているのは精子を守るためである

ねばねばしているからキモいよね

何となく、守っている感じするよね

〔S－06〕精巣上体

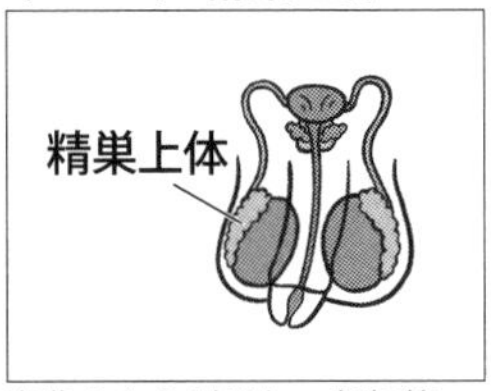

出典１から引用し一部加筆

〔S－07〕排尿の時

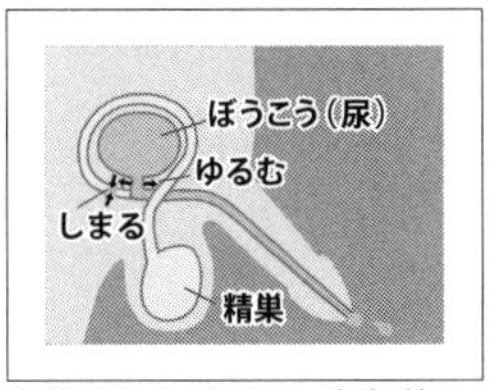

出典２から引用し一部加筆

〔S－08〕射精の時

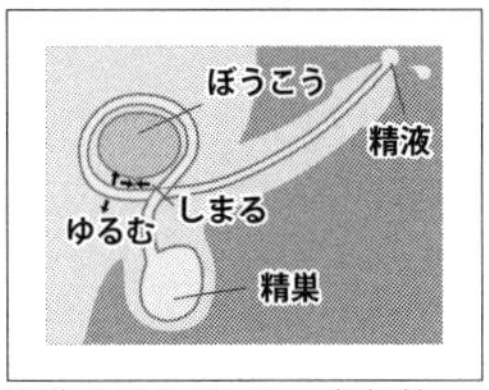

出典２から引用し一部加筆

③ 尿と同じところを通るため、尿と精液は混ざる

同じところを通るからおしっこと精液は混ざるよね

おしっこと混ざるの汚いよね

おしっこは汚くないって聞いたことあるよ

正解は②です。一つひとつ説明していくね

▶〔S－06〕精巣上体

①は ×（間違い）です。できた精子はある程度の量を、精巣上体でためることができます。古くなった精子はタンパク質としてからだに吸収されるので、パンクすることはありませんし、パンクを心配して定期的に射精する必要もありません

毎日出さなくていいんだ。パンクすると思っていた

②は○（正しい）です。ねばねばしているものはさっきも出てきた「精しょう」という分泌液で、精子が活発に動くのを助けたり、受精のために膣から漏れ出ないようにする働きがあります。つまり、ねばねばが精子を守っているんです

ねばねばしてるって大事なんだ

▶〔S－07・08〕排尿の時、射精の時

③は ×（間違い）です。尿と精液は同じ管を通ります。射精の時は膀胱の出口が筋肉でふさがれ、尿を出す時は精管がふさがれ、混ざらないしくみになっています

すごいね

うまくできてるね

他にもいろいろなしくみがあるんだよ。精子は熱に敏感です。卵子はからだの中が丁度いいけど、精子はおなかの中では温度が高すぎる。だから、精子が消滅しないように、精巣が入っている「陰嚢」は胴体の外側にあるんだよ。そして、プールなど冷たい水に入ると冷えすぎないように陰嚢が胴体の方にぐっと引き上がり、暑い夏は熱を溜めないようにだらんと下にさがるようになっています。だから、伸び縮みできるよう陰嚢の皮はしわしわなんだよ

伸び縮みもするなんて、うまくできてるね

また、ボールなどが当たったら、痛いよね。神経がたくさん集まっているので、痛みが強いんだよ

おへその下まで痛くなるんだよ

マジで痛いんだよ

(6) 射精が起こる場面

射精は無意識で起こる「夢精」「遺精」、意識的に起こす「セルフプレジャー」「性交」の4つの場面があります。寝ているときに性的な夢を見たり、知らず知らずのうちに射精してしまうことを「夢精」と言います。パンツに精液がついた時、どうする？

ゴミ箱に入れる

パンツ、もったいないよ

知らんふりして洗濯機

えー

自分で洗う

そうだね。自分で洗ってほしいね。軽く洗って、洗濯機に入れるといいね

無意識に射精することを「遺精」と言います。とくに、寝ていない時や、強い緊張や刺激、またストレスを受けた時など、性的な感覚を伴わないで無意識に射精することを言います。それが頻繁に起こるようなら病気の可能性もあるので病院に行ってお医者さんに相談しましょう。ちなみにさっきの夢精も遺精に含まれるけど夢精は問題ないよ

そんなこともあるんだ！

また、自分で性器を刺激して射精することもできます。自分の性的な快感を得るために、自分のからだに触れて、安心感や心地よさを得るということを「セルフプレジャー」と言います。プレジャーとは楽しさ、喜び、快感などの意味です。みんなは、オナニー、マスターベーション、自慰といった言葉を使うかも知れないけれど、セルフプレジャーというポジティブな言葉を使っていけるといいね。セルフプレジャーは自分のからだと付き合うための大切な行為で、どんな性別の人でも誰でもやっていいんだよ。もちろんやらなくてもいい。回数の多い少ないとかも別に悩む必要はありません

ネットで「やりすぎると死ぬ」って書いてあったよ

それはウソの情報です。死ぬことはありませんよ

そうなの？ 今まで我慢していたのは何だったんだ!!

精子を出しすぎると、将来精子がなくなって子どもが産めなくなるからマスターベーションはするなって聞いた

セルフプレジャーをやりすぎて精子がなくなることはありません。なぜ、こんな情報が出回るのでしょう

やってほしくないから

射精をいやらしいと思っている人がいるから

〔S－09〕性交

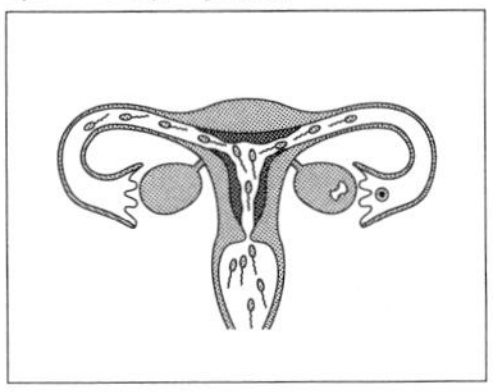

性別に関係なく、セルフプレジャーをもっとポジティブにとらえられるといいね。セルフプレジャーをするときの約束があります。性器は柔らかく傷つきやすいところなので、強すぎる刺激は控えましょう。セルフプレジャーは誰にも見られないプライバシーが確保される空間で、清潔な手で行うことが大切です。射精の場合精液が出るので、後始末についても考えましょう

▶〔S－09〕性交

4つ目の「性交」の話をします。
性交は相手がいます。勃起したペニスを相手の体内に入れて刺激を与え、射精する行為を性交と言います。射精できる男性と月経が始まった女性が性交をした場合は、精子と卵子が合体して妊娠に結び付く可能性があります。だから、射精できるということは妊娠につながる可能性のあるからだになってきたということです。それに伴う自分の性行動もきちんと考えなければいけません。この3年間でしっかり学んでいこうね

お前、ちゃんと考えて行動しろよ

お前に言われたくない

つまり、こういうことをみんなでまじめに考え合うっていうことが大切なんだよね

✔ ここでのポイント

射精について、教科書には、遺精、セルフプレジャー、性交については書かれていません。
しかし、性的な関心をもつ生徒たちにとって、これらのことを含めて射精について科学的に学習することは、自他の心身や性をポジティブにとらえる契機となります。

③ プライバシーを守るためには

教員　　　　　　　　　　　　　　　　　　　　　　　　生徒たち

考えてみよう、話し合ってみよう

1年生の様子を見ていると、友だちの股間（性器や肛門）を触るなどの行為があります。なぜ、“ふざけ”と称して、股間（性器や肛門）を触る行為があるのだろう？

スキンシップのつもり？

ノリでやっちゃう

触られて恥ずかしがることを笑う

わざと痛くさせてリアクションを見ておもしろがる

ホモだから

エッチなことが好きだから

ノリでやっちゃうって言ってたけど、断ったらノリが悪いの？

相手が良ければいいと思う

いいって言ってないのに触ってくるじゃん

それヤバいよ

つまり、人の嫌がるところを見て笑ってるんだね。ちなみに、「ホモ」という「ホモセクシュアル」を省略した言葉は差別的な言葉です。それと、同性が好きなことを馬鹿にしたりすることは人権侵害です。今度の授業で勉強しましょう

考えてみよう、話し合ってみよう

やられた人、見ている人はどんな気持ちだろう

これはいじめだ
見ている人もおもしろがっていることがある
馬鹿じゃないかと思う
かわいそう
腹が立つ
キモい

見ている方も嫌な気持ちになるよね。
人の性器を無断で触る、自分がイエスと言わないのに性器を触られる、また、見られる行為は人権侵害であり、暴力です。
それはたとえ、異性間であっても同性間であっても、親であっても恋人であっても友だち同士でも同じです

お前、もうするなよ

お前もだろ

人の性器を無断で触ったり見たりする行為だけでなく、性器や射精、セルフプレジャーについてからかったり冷やかしたり、無理に聞き出したり、聞かせたりすることも、プライバシーの侵害で、人権侵害になるよ。自分の境界線は自分で決めるもの。自分のプライバシーも人のプライバシーも大切にできる人になってほしいな

紹介したWEBサイト →p.224参照

・性を学ぶセクソロジー
・紳也'sホームページ
・ココカラ学園

④ 悩みに対応できるように

教員　　　　生徒たち

男子の悩みで一番多いのは性器に関することです。射精が起こる時期、性器の大きさ・色・形には個人差があります。そしてペニスの先が皮に覆われている「包茎」についての悩みも多いです

手術した方がいいって聞いたことある

基本的には包茎が「通常」の形ですし、包茎の人の方が多いんです。性器を洗うときは皮の内側に垢がたまりやすくなるので、そっとからだの方に皮を寄せて、優しく洗い、皮を戻すことをお風呂でやりましょう。勃起したときに包皮がペニスをしめつけて痛くならないなら手術の必要はありません。なんで手術した方がいいっていう情報があるんだろうね

包茎って病気じゃないんだ

お金もうけのため？

さっきの「セルフプレジャーをしすぎると死んじゃう」といった情報があるから、セルフプレジャーに関する悩みも多いです。あやしい情報に惑わされないようにしたいね

ネットにたくさんあるよ

インターネットには正しい情報も正しくない情報もたくさんあります。もっと調べてみたいと思ったら、正しい情報がたくさん載っている「性を学ぶセクソロジー」というサイトや泌尿器科のお医者さんである岩室紳也さんのホームページ「紳也'sホームページ」をおすすめします。きっと安心すると思います。図書室や保健室にも信頼できる本が置いてあるよ

自分のからだのことで心配なことがあったら皆さんは誰に相談しますか？皆さんの**アンケート**を見ると、性についての悩み事があったとき、「誰にも相談しない」と答えた男子が半数以上いましたが、ちゃんと勉強している私や保健体育の先生、保健室の先生にも相談していいんだよ。卒業しても相談に来てくれる人もいます。相談するのもあなたの権利なんだよ。
みんなもちゃんと勉強して、お互いに相談し合えるといいね

今日の授業はどうでしたか？ 科学的にからだについて知ることはおもしろいし、性について知りたいと思うことは自然なことです。それは健康や安全を考えながら生きることにつながります。自分のからだを学ぶということは心地よい状態、心地よく過ごせることにつながります。学ぶことで、自分を丸ごと受け入れられるとよいですね

ちょこっとエピソード

生徒同士が「ふざけて」股間を触ってますが…

「ふざけ」と称して、友だちの股間を触る、蹴る、ズボンをずり下すなどの行為が、1年生に多く見られます。ですが、この授業を行うことで激減し、互いに「人権侵害だよ」と言葉をかけ合う姿が多く見られるようになりました。

生徒からプライバシーを聞かれたらどうする？

授業を見に来てくれた20代の男性教員に、女子生徒が「ねえ、先生、毎日射精やっているの？」と興味津々に質問。それに対して男性教員が「毎日やってるよ」と返答し、それを聞いた女子生徒が「キモーい!」と他の友だちに喋りまくるということがありました。男性教員には「先生のプライバシーなのだから答えなくていいんだよ」と伝え、教員に聞いた女子生徒には「人のプライバシーをむやみに聞くのはおかしいし、他の人におもしろおかしく広げるのも人権侵害なんだよ」と話すと、女子生徒は納得してくれました。ある面、プライバシーを考えるいい機会となったようです。

この実践から見えてきたこと

科学的に知ることが、からだを肯定的に受けとめる一歩となる

とかく、男子の性については語られることが少なく、的確な情報が生徒たちに行き渡っているとは言いがたい状況です。射精を扱う授業に、女子がどれだけ向き合ってくれるのか心配がありましたが、科学的に射精のしくみを伝えることで「大切なこと」としてとらえる感想が多くありました。

人間のからだの巧みさを知ることは、男子のからだへの肯定感につながります。また、生徒同士でクイズや考え合うワークを取り入れることで楽しく学ぶことができるため、射精に対するマイナスイメージを変えていくこともできます。月経の授業と同じように、様々な理由で自分のからだをポジティブに受けとめられない生徒がいることを想定する必要があります。「素敵なからだ」という言葉で発信するのではなく、「不快」に思うことも否定せず、その気持ちを話してもいい、聞いてもらえるといった関係をつくっていくことが必要となります。

より良い授業をつくるために

授業の時間内ですべてを伝えるのは難しく、「もっと知りたい」「困ったときどこに聞けばよいのか」「何を信用してよいのか」などの疑問が残ります。これらのニーズに答えるためにも適切な情報を発信しているWEBサイトや書籍、相談先などを紹介しましょう。

また、女性を含め、「快楽＝悪」のイメージが強く、「快楽の性」をどのように伝えていくかは大きな課題でもあります。「人の性器を触ることについて」のワークでは「キモい」という発言がよく出ます。他人の性器を勝手に触ることが「キモい」のか、同性同士だから「キモい」のか、生徒の言葉の意図を読み取るのが難しいことがあります。そんなときは、同性愛差別の問題を指摘しつつ、性別の組み合わせに関わらず、他人の性器を勝手に触ることが問題であることを押さえて伝えることが大切です。

また、「いつ射精した？」「マスターベーションしてるの？」と大勢の前で聞いてしまったりなど、プライバシーをさらけ出す（出させる）ことと、性を学び合う／話し合うことは異なるということを、授業での経験を通してどのように伝えるかも課題です。

『ガイダンス』の視点からの課題

主に関連するキーコンセプト
6「人間のからだと発達」

『ガイダンス』では、小学校段階で射精がどのように起こるかについて説明でき、理解に確信をもつことを学習課題にしています。その際に前期思春期の一般的な性的反応としての勃起や夢精も含まれています。また、身体的外見はその人の人としての価値を決めるものではないことや、仲間内で互いの身体的差異を認め合うことも学習課題になっています。中学生では、ライフサイクルを通して性的な存在である自己と他者を、生物学的側面と社会的側面からボディイメージを含む「からだ」について考えることが課題となっています。

この授業では、生物学的側面を学習することで、「射精はいやらしいもの、語らないもの」といった社会的側面をとらえ直すものになっていると考えられます。こういった学習を小学生から中学生にかけて積み重ねていく中で、性をポジティブに語り合う関係性が形成され、男性の競争主義的な意識を払拭して、互いの差異を多様性の中に位置づけ直すことができるのではないでしょうか。

また、『ガイダンス』では、ジェンダーアイデンティティやからだの特徴が社会的ジェンダー規範に当てはまらない場合に思春期特有の困難があることを認識することを、中学生の学習課題としています。そのことを考えると、「男性は射精が起こります」ではなく「多くの男性は射精を経験します」や「精巣やペニスがある人の多くは射精が起こります」といった伝え方の工夫が考えられます（月経についても同様）。

（渡辺大輔）

スライドの出典一覧
1 megkmit「男性器の説明横向き版：文字なし」、「男性器の説明：文字なし」（イラスト AC）
2 浅井春夫、安達倭雅子、北山ひと美、中野久恵、星野恵編、勝部真規子絵『あっ！ そうなんだ！ 性と生 幼児・小学生そしておとなへ』（エイデル研究所、2014、p.16）
3 佐藤ちと「勃起の断面図」（性教育いらすと）
4 日本性教育協会『「若者の性」白書 第8回青少年の性行動全国調査報告』（小学館、2019）
5 Dandelion3「精子」（イラスト AC）

実践５「女らしさ・男らしさ」を考える〈１学年〉全１時間

ねらい　「らしさ」にとらわれずに自他の生き方を尊重しようとする態度を養う

◀授業の展開▶

生徒の現状と課題	学習の到達点

①「らしさ」についての経験や思いを共有する（→ p.84）

生徒の現状と課題	学習の到達点
• 家庭や学校で男女のあり方を刷り込まれてきているが、不平等に対して、違和感をもつ生徒もいる。 •「女らしさ」に違和感をもつ女子生徒が多い傾向がある。	• 自己や友だちの経験や意見などを共有し、身近にジェンダー問題があることを認識する。（態度） • ジェンダーを理由に行動を制限されたり強要されたりすることは、不平等、不公平、不当な扱いであることを認識する。（態度）

② みんなで「論理的な言い返し」を考える（→ p.87）

生徒の現状と課題	学習の到達点
• 不平等を感じながらも表現できる力が乏しい生徒がいる。	• 自分たちの身の回りにある固定的なジェンダー役割に問題意識をもち、それに対抗する様々な方法を考え、実際にやってみる。（スキル） • ジェンダー平等について議論し、ジェンダーに基づく差別や暴力に立ち向かうことが重要であることを認識する。（態度）

③ 自分たちのもっている「らしさ」の思い込みの根深さに気づく（→ p.94）

生徒の現状と課題	学習の到達点
• 今まで経験してきた思い込みを変容させることはなかなか難しく、ジェンダーバイアスにとらわれる傾向がある。	•「らしさ」の思い込みの根深さに気づき、意識的に考えていかなければならないことを認識する。（態度） • 家庭、学校生活の中で意識的にジェンダー平等について考え、行動できるように、自他の経験や学校や社会環境を省察する。（スキル）

授業の流れ

①「らしさ」についての経験や思いを共有する

教員

生徒たち

＊〔資料 3〕を配布する（p.85 参照）

皆さんに事前に聞いた**アンケート**をまとめました。3 分とるので、読んでみてください。「そうだよなあ」とか、「なるほど」とか、思ったものはあるかな？

おれも「男なんだらしっかりしろ」って言われた

「女なんだからおとなしくしろ！」って言われてムカつく

「男のくせに女が好きなキャラクターグッズ持ってる」と言われる。持ってても別にいいじゃんね

今日は「女らしさ」「男らしさ」についてみんなで考えましょう。みんな、男は泣いちゃいけないと思う？

いや、そんなことはない。我慢しなくてもいい

男の涙はかっこいい！

女の涙はカッコ悪いの？

じゃあ、女は料理ができなきゃいけないの？

うち、お父さんが作ってるよ

独り立ちするために、料理くらい男子も作れなきゃ

料理が好きな人、男女関係ないよね。男子は殴り合いのケンカしてもいいの？

暴力反対！

〔資料 3〕女／男らしさを学ぶ事前アンケート結果（一部抜粋）

女のくせに、女なんだからと言われたこと	誰から	その時思ったこと
女なんだからズボンはくのキモい	友だち	意味わからん
女なのに黒色好きなの？	友だち	黒は男専用に作られた色なの？
女なんだからかわいい服着なよ	親	興味ないんだもん。いいじゃん
女のくせに生意気	友だち	いらついた
女なんだから足閉じて	先生・親	決めつけるな
女のくせに暴力振るうな	友だち	男も振るうな
女なのに字が汚い	友だち	お前の方が汚い
女のくせに裁縫もできねーのかよ	友だち	別によくない？
女なんだから料理くらいしなさい	母	そうかなあ？
女なんだから木に登って遊ぶな	母	好きな遊びをしたい
女なのに男のマンガ読んでる	友だち	いけないの？
女なんだからハンカチ持ってるでしょ	友だち	持っていない人もいる
女のくせに野球やってるの？	おじさん	やっちゃいけないの？
女なんだからおとなしくしなさい	友だち・親	男も同じでしょ！ムカつく
女はおしゃべりが好き	先生	男の方がうるさい

男のくせに、男なんだからと言われたこと	誰から	その時思ったこと
男なんだから野球を続けろ	父	やりたくない
男なんだからしっかりしろ	親	しっかりできないときもある
男のくせに力ないなあ	友だち	あー、そうね～
男のくせに女が好きなキャラクター持ってる	友だち	別にいいじゃん
男のくせに足が遅い	友だち	は？
男なんだからくよくよするな	父	そう言われても
男のくせにめそめそ泣くな	友だち・祖母	泣きたいときくらいあるじゃん
男なんだからバク転できるでしょ	妹	無理
男なんだから大きくなったら私たちを養っていくんだよ	母	男だからって何で？
男だからと重い荷物を持たされる	先生	ずるい。差別だ
友だちと家族ごっこをしてたら、男のくせにと言われた	友だち	何で？
男なのにピンクのシャツ着ている	友だち	おかしいのかなあ

女子なんだから静かにしなければいけないの？

そんなことない。にぎやかな女子がいてもいい

男子も静かにすべき

男はリーダーシップとらなきゃいけないの？

そんなことはない。生徒会は女子が多いよ

結構みんな、それっておかしいって感じていることが多かったけど、それなのになんで「女らしく」「男らしく」って言われるんだろう？

それが普通だと思ってる

それが正しいと思ってるから

そういうことはどこで聞いたの？

お母さんやお父さん

テレビとネット

学校の先生

おじいちゃんやおばあちゃん

親や、学校の先生はどこで学んできたんだろうね

昔の人から

親の親

そうだよね。その繰り返しをどうやったら止めることができる？ じゃあ、ワークをやりながら考えてみよう

グループワーク６つのテーマ

A ファッションや好みについて考える
B 多様な性について考える
C スポーツについて考える
D 社会的プレッシャーについて考える
E 職業について考える
F からだについて考える

② みんなで「論理的な言い返し」を考える

教員　　生徒たち

女らしさ・男らしさを押しつけられるとイヤだと思うことが皆さんの**アンケート**を見ても結構あるね。だったら、自分の意見をもって言い返してみましょう。1、2グループはAとB、3、4グループはCとD、5、6グループはEとFのテーマを考えてください。各グループとも、2つのテーマについてみんなで話し合ってください。ただし、言い負かすのではなく、相手が納得するような言い返しを考えてね

✓ ここでのポイント

ここからは各グループで上記に示しているA～Fの異なる内容で話し合います。より自分事として考えられるよう、各グループで話し合う内容はこれまでの生徒たちへのアンケート結果をもとに作成しています。また、普段は言いわけをするなと言われることが多い生徒たちにとって、「言い返す」ことを励ますワークは新鮮です。自分の意見を伝える練習にもなります。

考えてみよう、話し合ってみよう

「女なんだからスカートはいたら」と言われたら、どう言い返すのか考えてみよう（テーマA）

ファッションは自由
自分が好きなものを着たい
じゃあ、男子がスカートはいてもいいの?
うちの学校、女子はズボンも選べるよ
変だよ
それって差別じゃない？ 男子だってスカートはきたい人もいるかも

そうだね。決めつけるのはよくないね。色についても女の色、男の色って分けるのもおかしいね

〔S－01〕多面的な私たちの性

考えてみよう、話し合ってみよう

「男なのに男が好きなんておかしい」と言われたら、どう言い返すのか考えてみよう（テーマB）

好きになるのは自由だよ
男が男を好きになるのは別に変じゃないよ
誰を好きになろうがあなたには関係ない
そういう人、知っているよ
えーっ！ってちょっと思う
ドラマや漫画で知っている

▶〔S－01〕多面的な私たちの性（拡大版は p.98 参照）

人間の性は多面的にとらえることができます。ここでは次の4つについて考えてみます。「性自認」「からだの特徴」「表現する性」「性的指向」です。自分の性の中心は自分が自覚する「性自認」。性自認と生まれた時に割り当てられた性（生まれたときにからだの特徴で診断された性別に基づいて記載された戸籍の性別）が同じ人を「シスジェンダー」、異なる人を「トランスジェンダー」と言います

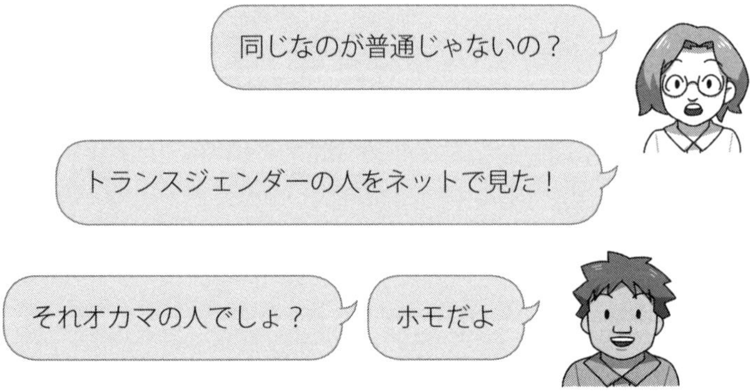

同じなのが普通じゃないの？
トランスジェンダーの人をネットで見た！
それオカマの人でしょ？
ホモだよ

「オカマ」や「ホモ」という言葉はいじめやからかいのときに差別的に使われることが多いので、好ましくありません。笑いの対象にするのも人権侵害です。それから、シスジェンダーのことを「普通」とも言いません。こういった言葉遣いも含めて人間の性を学びましょう

「性的指向」とは好きになる対象のことを言います。女が男を好きになる、男が女を好きになることを何と言いますか？

？？

普通？

これも「普通」という言葉ではありません。「異性愛（ヘテロセクシュアル）」と言います。同性を好きになることを「同性愛（ホモセクシュアル）」と言います。女性同士の場合は「レズビアン」、男性同士の場合は「ゲイ」と言います。私たちの性はとても多様であいまいでもあります。どんな人でも対等で、平等でなければいけません。すでにみんなテレビやインターネットで見て知っている人が多いと思います。「ホモ」「レズ」のような省略形は先ほどと同じ理由で好ましくないので、省略しないで使うのがいいですね。詳しくは2年生になったら勉強しようね

✔ ここでのポイント

各グループで考えたことを全体に共有することが大切です。この実践では、生徒たちが話し合ったことをグループごとにミニホワイトボードに書いてもらい、黒板に貼っています。

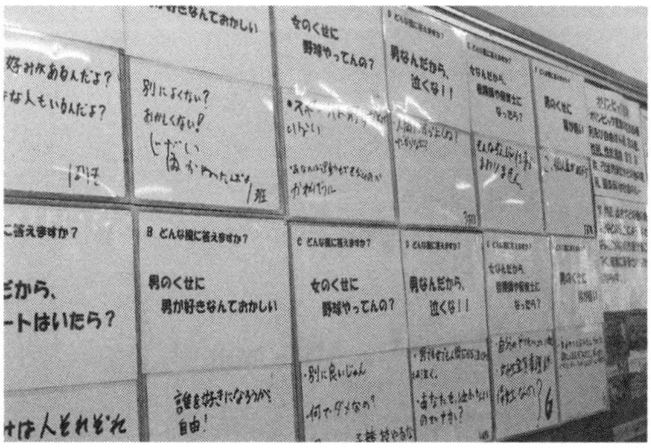

考えてみよう、話し合ってみよう

「女のくせになんで野球やってんの？」と言われたら、どう言い返すのか考えてみよう（テーマC）

好きなことして何が悪いの？

女子の全国大会あるの知らないの？

何をやろうとあなたには関係ない

野球は男のスポーツだと決まってない

何で野球やってはいけないの？

誰でも好きなスポーツをやりたいよね。最近では、男のスポーツ、女のスポーツという枠組みもどんどんなくなってきています。
例えば、男子のアーティスティックスイミング、新体操、女子のレスリング、サッカー…

男子の新体操、かっこよかったよ

ラグビーは？

女子の友だちでやっている子知ってるよ

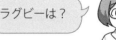

俺、スポーツ嫌い

スポーツの歴史も変化しています。1896年に第1回の近代オリンピックが開かれましたが、その時は女子禁制でした。今はマラソン・サッカー・レスリングなど、種目も男子と同じになっているよね。東京オリンピックでは混合の種目も増えたんだよ。オリンピック憲章は知ってる？

（＊）日本オリンピック委員会『オリンピック憲章』（2021）

オリンピック憲章　このオリンピック憲章の定める権利および自由は人種、肌の色、性別、性的指向、言語、宗教、政治的またはその他の意見、国あるいは社会的な出身、財産、出自やその他の身分などの理由による、いかなる種類の差別も受けることなく確実に享受されなければならない。（オリンピズムの根本原則6）（＊）

こんなのあるんだ。知らなかった

選手はもちろん、開催する地域、応援する人すべての人がこのオリンピック憲章を理解しなければ、オリンピックは成功できないね

考えてみよう、話し合ってみよう

「男なんだから、泣くな！」と言われたら、どう言い返すのか考えてみよう（テーマD）

泣くことに性別関係あるの？

感動したら涙が出るのは人として当然

人それぞれだよ。「男のくせに」って言うのが駄目なんだよ

男だって泣くことあるよ。女は泣いていいの？

泣きたいときって誰にでもあるよね

「男なんだからしっかりしろ！」と使われることが結構多そうだけど、これ、どう思う？　男の人も生きにくいよね。男なんだからしっかりしなければいけないというプレッシャーがかかる。新聞によく人生相談というコラムがあるんだけど、8割くらいは女性からの相談なんだって。男性は自分のことを相談しない、人に言えない。なんで男性は相談しないのかな？

弱音を吐いちゃいけないって思ってた

男のプライド

よくお父さんに男のくせにウジウジするなって言われて、ごめんなさいって言っちゃう

ごめんって言うの変だよ。決められない時ってあるよね

そこにも「男らしさ」が関わってたんだね。誰でも気軽に自分のことを相談するって大切だよね。自分の気持ちを表現できるって成長の証でもあるんだよ。人に相談すると解決につながることが多いよ

女はウジウジしていいの？

考えてみよう、話し合ってみよう

「女には看護師や保育士が向いているよ」と言われたら、どう言い返すのか考えてみよう（テーマE）

何が向いているかは男女は関係ないよ

女の職業、男の職業と決めつけるのはおかしいよ

自分の将来は自分で決める

男の看護師や保育士の人、結構いるよね

やっぱり仕事は、自分の好きなことをやりたいよね

1985年に働く人が性別によって差別されないことを決めた「男女雇用機会均等法」という法律ができました。だから男性だけ、女性だけを採用することも禁止されています。最近は男性の職業だと思われてきた仕事に女性が就いたり、その逆も見られるようになったよね

（＊）世界経済フォーラム『The Global Gender Gap Report 2022』

☑ ここでのポイント

女性のトラックの運転手・パイロット、男性の看護師・保育士などの写真を見せています。

しかし、残念なことにまだまだいろいろな問題があります。国際的なジェンダーギャップ（男女格差）指数では日本は146ヵ国中、116位でした（2022年発表[*]）。つまり、日本は男女格差が大きいということです。日本の政治家に女性がほとんどいないこととか、女性はパート・アルバイトが多かったり管理職に就く人が少ないために平均年収も低いことなどが問題になっているんだよ

考えてみよう、話し合ってみよう

「男のくせに背が低い」と言われたら、どう言い返すのか考えてみよう（テーマF）

ちびで何が悪い？ 個人差!!

言われた人の気持ち、わかんないの？

「みんなちがってみんないい」

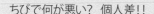

からだの悪口言うのは人権侵害だって習ったでしょ

背が低いと小回りがきくよ

そうだね。人のからだについての悪口や陰口はおかしいよね。女性だっていろいろなからだの人がいるし、男性だっていろいろなからだの人がいるよね。一人ひとりの違いを認め合うって大切なことだよね。ここまでみんなで考えてきたように、私たちはすでに「女なら○○だ」「男なら△△だ」といった思い込みをたくさんもっているけど、これはどれもこの社会の中でつくられたものだから、変えていくことができるんだよね。「女だから」「男だから」という枠組みに縛られずに、自分の生き方、他人の生き方を大切にしたいよね

（＊）大日向雅美『増補 母性愛神話の罠』（日本評論社、2015）を参考に、一部変更して作成

③ 自分たちのもっている「らしさ」の思い込みの根深さに気づく

教員　　生徒たち

考えてみよう、話し合ってみよう

さて、最後に、ある人からの「悩み相談」の記事を読んで、皆さんの意見を聞きたいと思います。どうアドバイスするかグループで話し合ってみてください

悩み相談　私とパートナーは共働きをしているので、子育ても家事も共同でしていこうと言っていたのに、実際に子どもが産まれて数年経ったころには、シェフのパートナーは仕事で帰りが遅いこともあり、保育士で定時に 帰れる私が育児、家事をほとんどやるようになりました。パートナーは休日くらいしか手伝ってくれず、どうしたらよいか悩んでいます（＊）

育児や家事は２人でやるべきだよね

できる人がやればいいんじゃない？

しっかり話し合うことが大事だよね

父親も休日は手伝ってくれているからいいじゃん

仕事が遅くなる彼は結構つらいよね

お母さんの方が定時に帰れるんだから、やれることやって後は分担してやれば？

みんな考えてくれて、ありがとう。でも、ちょっと待って、保育士は「お母さん」？

え、どういうこと？

私は「保育士はお母さん」って言っていないよ

わ、はめられた!!

え、違うの？

今、学習してきたにも関わらず、保育士はお母さん、シェフはお父さんと思ってしまった人がたくさんいるでしょ。そういうのを「ジェンダーバイアス」と言います

今、勉強したのに…

それと、この２人の関係を男性と女性だと思わなかった？

そうか、同性のカップルかもしれないよね

え、子どもできるの？

いろんな形で子どもを育てている同性カップルもいるよ

そうなんだ

そう思ってしまうのは、この社会の中でそれが当たり前だと思われているから仕方がないかもしれないね。
でも、いろいろな生き方が認められる社会をつくるためにも、みんなは今日学んだことを忘れないでいてほしいな。
そして、さっきやったワークの様におかしいと思ったことにはおかしいと言える人になってほしいな

この実践から見えてきたこと

ジェンダーバイアスの気づきを引き出すワーク

この実践では「らしさ」を押し付けられた違和感、生徒自身が内面化しているジェンダーバイアスに気づけるよう、話し合う時間を多くつくっています。生徒の事前アンケートを活用することで、多くの意見が出され、生徒同士で考え合うことができます。次の、論理的に伝える「言い返し」のワークは、自分の意見をなかなか言えない生徒にとって自分の生き方を自分で決めていくことへの励ましにつながっていきます。「おかしい」と思っていても、「行動」が伴わなければ社会は変わらないことを伝えていくことが大切です。そして、今まで刷りこまれ続けたバイアスは根深いことを最後の「悩み相談」のワークで経験することによって、自分自身が「意識的に考えていく」ことが大切であるということを改めて深く感じることができます。

より良い授業をつくるために

この授業は授業者の価値観が表れやすく、それが言葉のところどころに出たり、逆にバイアスを強めてしまったりすることもあります。また、逆に教員が「女らしさ・男らしさにこだわらなくていい」というメッセージを繰り返すことが誘導となり、生徒たちの感想がそれに引きずられ、自分のこととして考えることにつながらないあやうさもあります。そのため、生徒のアンケートや意見をたくさん拾って授業を進めていくことを心がけてきました。

また、友だち同士でのピアプレッシャーや、親などの家庭、学校の教員からの言葉かけ、メディアなどによって性別規範がつくられていることを、生徒同士で発見できるしくみをつくることも大切です。そしてこの学習が、今生活している学校現場で活かされていくためには生徒だけでなく教員の意識改革も求められます。

ちょこっとエピソード
授業がいろいろな「きっかけ」に

授業をすることが、教員自身が考える１つのきっかけになっています。女子用のズボンを制服として導入したり、展示物を男女別にしないことを意識したり、この校則は必要なのかと議論することが多くなってきました。

『ガイダンス』の視点からの課題

主に関連するキーコンセプト

3「ジェンダーの理解」

『ガイダンス』の改訂版で「ジェンダーの理解」がキーコンセプトとして新たに立ち上がりました。つまり、これまで以上に「ジェンダーの理解」が重要だと認識されたということです。『ガイダンス』ではジェンダーやジェンダー規範の社会構築性を理解するための内容が含まれています。

小学校段階では、家族や友人、コミュニティなどがもつ社会的・文化的規範がジェンダー役割に影響していることを振り返る学習が求められています。また、生物学的・解剖学的性別（セックス）がジェンダーアイデンティティ（性自認）と合致／不合の場合があるなど多様性があることの理解も求められています。

中学校段階では、ジェンダー不平等の影響や性的指向・ジェンダーアイデンティティの多様性を認識すること、社会的なジェンダー役割を変化させ、ジェンダー平等を基にした関係をつくる実践、ジェンダーに基づく暴力の予防やサポートへのアクセスを実践することが学習課題となっています。したがって、この授業内容は小学校からの学習をつなぎ、中学校での学習内容の土台となる必須の課題です。

その上で、生徒たち自身がこれまでの経験から発見したジェンダー役割やジェンダー不平等の社会的構造を検討し、それへの対抗策を考え実践していく集団的な学習にじっくりと取り組めることが大切です。

（渡辺大輔）

ちょこっとエピソード

「それっておかしい」と生徒に教わる

教員が男子に重いものを持たせようとすると「男子だって力ない子いるよ」、教員が「女子なんだから」とつい口を滑らすと、「それはおかしい」と生徒の方から指摘してくれるようになりました。

また「座席も男女に分けるんじゃなくて、学習しやすい席をつくった方がいい」と言ってくる生徒も出てきました。授業が終わっても、お互いの学び合いが続いています。

〔資料 4〕多面的な私たちの性（拡大版）

【性自認】
自分がどんな性別で生きていくかということを、体験を通して感じとるもの。
「自分の性別は○○」

【表現する性】
自分の性別をどのように表現するか。社会的につくられている「女らしさ・男らしさ」も影響する

【性的指向】
恋愛対象の性別。どんな性別の人にひかれるか

【からだの特徴】
性染色体、性腺、内外性器などの性の分化状況

実践６　性と情報〈１学年〉全１時間

ねらい　ICT（インターネットやソーシャルメディア）の安全な使い方を理解し、実践する

◀授業の展開▶

生徒の現状と課題	学習の到達点

① 情報通信技術（ICT）をめぐる自分たちの実態を確認する（→ p.100）

生徒の現状と課題	学習の到達点
• 多くの生徒が ICT 機器を持っているが、使っていない生徒もいる。 • 様々なアプリケーションソフトを使っている。	• 自分たちの ICT 機器の利用状況、持っている知識について明らかにする。（知識）

② ICT を活用するメリットとデメリットを考える（→ p.101）

生徒の現状と課題	学習の到達点
• 多くの生徒は、すでに ICT を使用しており、その便利さや危険性を体験している。 • 実際に小さなトラブルに巻き込まれた経験があるが、大きな事件に関心はあっても自分事としてとらえていない。	• ICT の利点と起こりうる危険性を列挙する。（知識） • ICT を安全に使うために必要な判断について具体的に考える。（知識） • 性情報についてのリテラシーは、学習によって身につけることができることを認識する。（態度）

③ トラブルが起きた時の対応を知る（→ p.110）

生徒の現状と課題	学習の到達点
• 多くの生徒が SNS を利用している中、トラブルを経験し、ある程度の対処法は身につけている生徒が多い。	• トラブルに巻き込まれた時、信頼できるおとなに相談することが大切であることを認識する。（態度） • インターネットの相談窓口をうまく利用する方法を知り、有用なサイトにアクセスする。（スキル）

授業の流れ

① 情報通信技術（ICT）をめぐる自分たちの実態を確認する

教員　　　　生徒たち

皆さんの**アンケート**の結果を見てみましょう

▶〔S - 01・02〕アンケート結果 1、アンケート結果 2（拡大版は p.114 参照）

多くの人が自分が使えるスマートフォンやパソコンを中学生になる前から持っているんだね

私は持っていないよ

今、持っていなくてもこれから持つことがあるかもしれないよね。
私の時代と違って、あなたたちの時代は当たり前のように使っていくものですから、しっかり学んでいきましょう

先生が中学の時は持っていなかったの？
不便じゃなかった？

当時はその時代にあったものでみんな工夫してたよ。現代は「便利」になったのかどうか、これから考えてみましょう

▶〔S - 03〕アンケート結果 3（拡大版は p.114 参照）

アンケートを見ていると、LINE や YouTube など、みんないろいろなアプリを使っているね

結構、YouTube 見ているんだ

私、投稿したことあるよ

○○はユーチューバーなんだよ

そんなことできるんだ。すごいね

〔S－01〕アンケート結果1

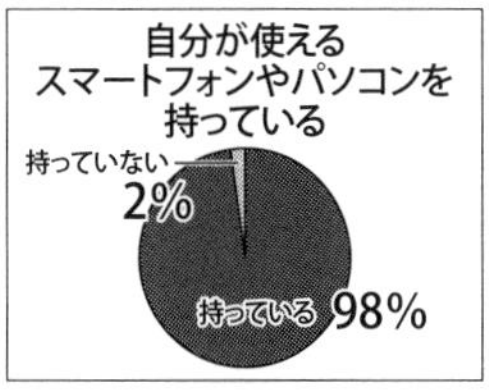

〔S－02〕アンケート結果2

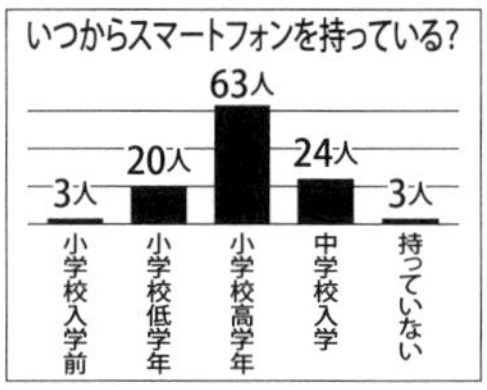

〔S－03〕アンケート結果3

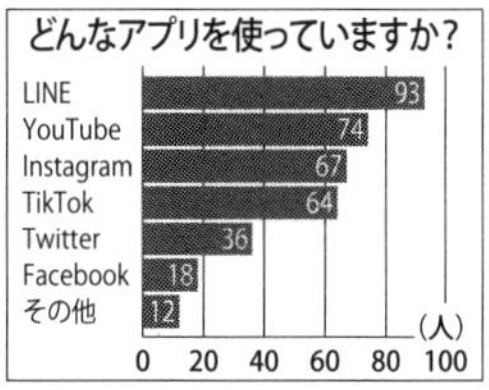

〔S－04〕いろいろな人とつながる

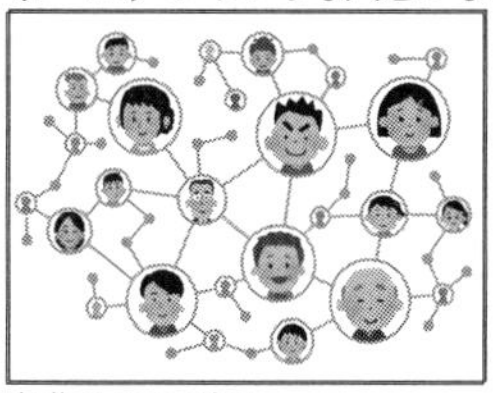

出典1から引用

② ICTを活用するメリットとデメリットを考える

教員　　生徒たち

＊〔資料5〕を配布する（p.115参照）

みんなすでに使っているけど、あらためてインターネットって何か考えてみよう。まずインターネットで何ができるかな？

メールとか連絡をとり合える

ゲームができる

世界中の情報がわかる

いろいろなことを調べられる

よく知っているね。地球規模のネットワークのこと。つまり、世界中の人と情報を共有できたり、通信ができたりするんだね。
じゃあ、SNSって何だろう？

LINEとかTikTokとか

そうだね。SNSは正式には「ソーシャルネットワーキングサービス」と言います

▶〔S－04〕いろいろな人とつながる

SNSを通して仲間と情報や写真をシェアしたり、同じ趣味の人を探したりすることができ、いろいろな人とつながることができるね

サッカー好きとかね

好きなアイドルのこともわかるんだよ

これらを総称して情報通信技術と言います。「Information and Communication Technology」を略して「ICT」とも言うんだよ

（＊）総務省『インターネットトラブル事例集（2022年版）』
https://www.soumu.go.jp/main_content/000707803.pdf

考えてみよう、話し合ってみよう

ICTについて、もっと深く考えてみよう。まず各グループでみんなで便利なところ、危険なところについて出し合い、これから配るミニホワイトボードにみんなの意見を書いてください。書き終わったら、前の黒板に貼ってください

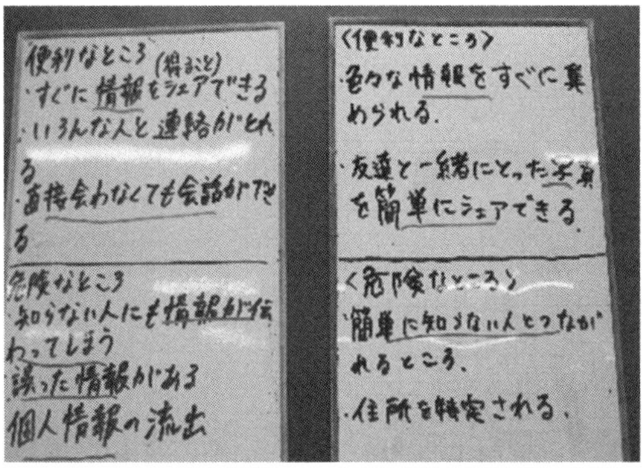

◆便利なところ

- すぐに調べられる
- すぐに友だちと連絡がとれる
- たくさんのことがわかる
- ひまつぶしになる
- みんなでオンラインゲームができる
- 同じ趣味の人と新しく友だちになれる

◆危険なところ

- 個人情報流出
- スマホ依存症や目が悪くなる
- 知らない人と簡単につながるのは危険かな
- 危険なサイトがある
- 誹謗中傷、いじめにつながる
- アカウントを乗っ取られたり、ハッキングされる

ICT を活用するメリットとデメリット

（1）情報の入手	（2）人とのつながり	（3）情報発信
いろいろな情報を得られる	いろいろな人とつながれる	自分の意見や思いを発信することができる
⇕	⇕	⇕
うその情報もある	悪い人にもつながってしまう	悪口やいじめにつながる

たくさんの意見をありがとう。みんなよくわかっているね。みんなの意見をまとめると、１つ目、いろいろな情報を得ることができるけどうその情報にだまされることがある。２つ目、いろいろな人とつながることができるけど悪い人ともつながってしまう。３つ目、自分の意見や思いを発信することができるけど、悪口やいじめにつながる。ICTを使うメリットとデメリットは表裏一体なんだよね。
実際にこんなトラブルに遭ったと、アンケートに書いてくれた人がいました

SNS・インターネットで経験したことのあるトラブル（アンケートから抜粋）

- 友だちから、悪口を言われてケンカになった。
- グループから無視された。
- 勝手に写真をアップロードされた。
- 友だちの名前を出してしまった。
- 知らない人から話したいと連絡があった。
- ゲームの課金をやりすぎた。
- 学校名が出てしまった。

悪口の書き込みでのトラブル、私もいじめにあった

いじめる方が問題なんじゃない？

ゲームの課金は結構やっている。お母さんに怒られたよ

え、それ自分のお小遣いじゃないの？

知らない人からの連絡、怖いよね。すぐにブロックした

学校名を出すと、待ち伏せされるよ

いろいろなことがあるね。総務省の調査によるとたくさんのトラブルがあります(*)。その中でもみんなが巻き込まれそうなのは「人の悪口、いじめ」「個人情報の流出」「アカウントを乗っ取られる」「悪ふざけなどの投稿」「ゲームの課金」かな

ではトラブルに巻き込まれないで安全にICTを使うためにはどうしたらよいか、さっき出てきたICTの３つのメリットとデメリットに沿って考えてみましょう

(1) 情報を見極める

ICT は情報を得るのにはとても便利だよね。でも、正しい情報かどうかを判断するのはおとなでも難しいんだよ。
では射精の授業で少し触れた「包茎」という言葉で検索してみたいと思います。
「包茎」ってなんだったか覚えている？

忘れちゃった

クスクス

包茎は男性の性器、ペニスの先が包皮（外側の皮）でおおわれている状態のことですね。では実際に検索してみますね

☑ ここでのポイント

この実践ではすでに射精の授業で「包茎」について学習したため、ここで取り上げました。それ以外でも生徒たちが関心をもちそうな「ダイエット」「脱毛」「美肌」などのワードで検索してもよいでしょう。

＊実際に「包茎」という言葉を検索してみる

病院の宣伝ばっかりだ

上に出てきたものを信用しちゃうよね

手術をすすめる宣伝がたくさん並んでいるね。病院やクリニックが発信していると信用しちゃうよね

包茎はモテないんでしょ

本当にそう思う？

垢がたまってよくないって聞いたことがある

紹介したWEBサイト（→ p.224参照）

・紳也's ホームページ
・生理のミカタ
・性を学ぶセクソロジー
・ココカラ学園

包茎かどうかでモテるとかモテないとか決まるのかな？ それに、汚れがたまらないように包皮を引き下げて洗えばいいんだよね。ペニスの先が包皮で覆われている状態は「通常」の形で、包皮を引き下げたときにペニスが痛くなったりしなければ手術する必要はないっていうことはすでに勉強したよね。こうした情報で手術のいらない包茎を「仮性包茎」って名づけられちゃうと手術が必要だと思わされちゃうよね。どうしてだと思う？

手術させるため？

お金儲けじゃない？

そういう面もあるかもしれないよね

何を信用すればいいか、わからないよね

おとなでも判断が難しく、騙されることもあります。こういう性についての情報は何が正しいかをどうやったら見抜けると思う？

？？？

こういう勉強する

そうだね。だから、学校ではできるだけ、正しい性の情報にたどりつけるようみんなに伝えているんだよ。射精の授業では「紳也's ホームページ」を、月経の授業では「生理のミカタ」を紹介したね。「性を学ぶセクソロジー」も一度見てみるといいよ

おれ、見たよ

それはよかった！ 正しい情報を得られれば、安心できるね

〔S－05〕SNSの子どもの被害件数

出典2を参考に作成

〔S－06〕SNSの被害（罪種別）

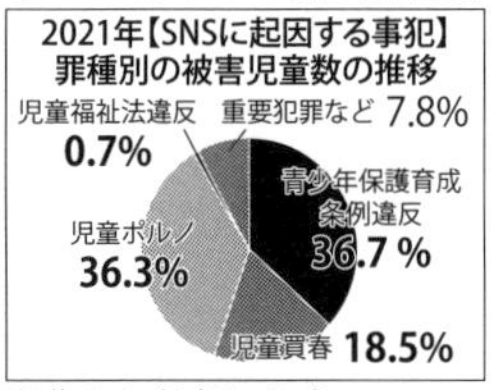

出典2を参考に作成

〔S－07〕加害者と会った理由

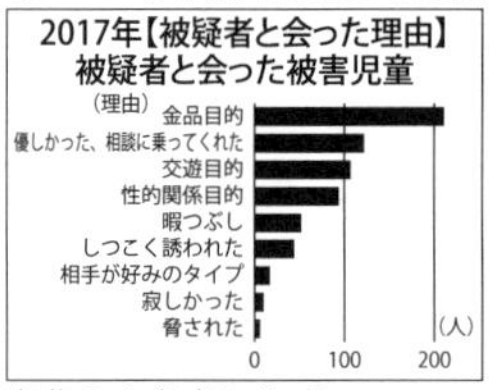

出典3を参考に作成

（＊）警察庁生活安全局少年課「令和3年における少年非行、児童虐待及び子供の性被害の状況」(2022年3月発表)

(2)「よいつながりかどうか」を見極める

▶〔S－05〕SNSの子どもの被害件数

便利ではあるけど、ICTを通じていろいろな事件が発生しています。SNSを介して被害に遭った18歳以下の子どもの数はとても多いです

▶〔S－06〕SNSの被害（罪種別）

2021年は18歳以下の子どもたちの事件が1800件以上発生しました(＊)。小学生がオンラインゲームで知り合った人と会い、誘拐されたという事件もありました。SNSによる子どもの被害は約9割が性に関わるものです

怖いなあ

多いんだね

▶〔S－07〕加害者と会った理由

ここに被害者が加害者に会った理由のグラフがあります。「金品目的」の次に、「優しいから、相談に乗ってくれる」から、という理由が多いですね。「寂しかったから」、という理由もあるね。これを見て、みんなはどう思いますか？

馬鹿だなあ。オレはそんなこと絶対にしない

友だちができなくて寂しいんだよ

ありえない

本当に大丈夫だと思う？ 裸の写真を送ってくれたら5万円あげるって言われたら？

絶対やだ

じゃあ、ゲームやアニメ関係で知り合った人に、自分がほしいと思っていたゲームソフトやレアグッズをあげるよって言われたら、どうする？

こころ、揺れるなあ

送ってもらう

住所わかっちゃうじゃん

そっかー。信頼できる人ならいいんじゃない？

では次の事例を聞いてどう思うか考えましょう

ある事例　親しかった友だちにいじめられ、周りからも避けられるようになり、落ち込んでいた時、SNS で知り合ったある人が一生懸命、「大丈夫だよ」「元気出しなよ」と励ましてくれた。自分がいじめに遭った経験もたくさん語ってくれた。そんなやり取りが続き、ビデオ通話をするようになった。大学生と言っていたその人はその時も悩みをたくさん聞いてくれた。嫌なことを忘れるくらい、楽しい話をたくさんしてくれた。好きな漫画の話をしたら、「それ、知ってるよ」と言って、またまた話が盛り上がった。新しく漫画が出たから一緒に買いに行こうと言われ、迷ったけど、実際に会って話してみたいという気持ちになった。駅で待ち合わせ、一緒に本屋に行き、その後ケーキをごちそうしてくれ、たくさん悩みを聞いてくれた。頭を撫でられ、勉強も教えてあげるとも言われ、嬉しくなった。それから何回か会うようになった。ある日、車に乗るように言われ、その人の部屋に行った。すると、部屋に鍵をかけられ、いやだと言ったが、からだを触られ……。

この事例を見てどう思った？

自分も会っちゃいそう

こうやってだますんだ

これが、監禁事件といった犯罪に巻き込まれていくこともあるんだよ。加害者は相手にいろいろな話をしながら優しくして近づいてくる。こういうのを「グルーミング」って言うんだって

そうなんだ

怖いなあ

自分もだまされちゃうかも

他人事じゃないかも

みんなは「ばかだな〜」とか言っているけれど、こうした状況の中でだまされないようにするのはすごく難しいし、だまされる被害者は決して悪くない。加害者が悪いんだよ

もちろん、信頼できる人に出会えることもあるけど、その人が信用できるかどうかの判断は本当に難しいよね

考えてみよう、話し合ってみよう

SNSを通じて知り合った人とは会わない方が安全だけど、どうしても会いたいと思ったら、どうしたらいいでしょう

1対1で会わない

会う場所を考える

たくさんの人がいるところで会う

親や友だちと一緒に行く

絶対、我慢する

車とかはやばい

そうだね。1人きりで会う、個室で会う、車に乗る、これらは危険かもしれないね。もしかしたら自分も事件に遭ってしまうかもしれないという危険を想像できるといいね

(3) 自分の発信で傷つく人はいないかを見極める

3つ目のいいところとして、自分の意見や気持ちを発信することができるね

「いいね！」とかできる

フォロワーになったり

でも悪口を書く人もいる

ひどいこと書かれて、自殺した人もいるよね

つらさわかる。ハブられたりね

そうだね。嫌なことを書きこみする人もいるよね。書かれた方はつらいね。書き込むとき、よく考えないと自分が加害者になる場合もあるよね。「いいよ」という言葉1つとっても文字と実際に話す言葉では意味や伝わり方が違うでしょ。だからSNSを悪口やいじめの道具にすることは絶対にダメだし、自分からの発信が誰かを傷つけることにならないか、もう1度読み直してから送信するようにできるといいね

ICTを安全に使うためには、どんなところに危険性があるかを知っておくことはとても重要だね。その上で、自分たちに必要な正確な情報を探したり、いろいろなつながりを広げたり、誰かを傷つけたりしない発信ができるといいね

③ トラブルが起きた時の対応を知る

教員

生徒たち

インターネットやSNSを使う時の危険性についても具体的に考え合いました。それでもトラブルに巻き込まれることがあるかもしれません。**アンケート**で実際に危険な目に遭ったことを書いてくれた人もいたよね。次は、トラブルが起きてしまった時、どうしたらいいか考えましょう

アンケートには、解決の方法を教えてくれた人もいました

トラブルが起きた時に実際にとった行動（アンケート結果から抜粋）

- ケンカした友だちと他の友だちで直接会って話し合った。
- 親に相談した。
- 親がどこかの相談窓口のところに連絡を入れた。
- 先生に相談した。
- 勝手に投稿したものをすぐに消した。

何かあった時は「話し合い」や「相談」をしているね

ICTについては、これからもっと便利なものができて、使う機会がもっと増えていくかもしれないね。でも、それらを自分たちのために安全に使うためには、今日一緒に考えたような危険性も知って、それについて対応できる知識や力が必要だよね。そして、こういう勉強をしてきたのだから、危険な使い方をしている友だちに注意したり、おとなに伝えたりできるといいね。

困ったことがあったら、まず身近なおとなに相談しよう。家族や学校の先生、私でもいいよ。ふだんから、誰に相談できそうか考えておくことも大切だね。身近な人でなくても、警察庁や文部科学省の相談窓口や東京都では「こたエール」という相談先もあるよ。また、安全なインターネットの使い方について知ることができる「エンジェルズアイズ」というサイトもおすすめです

✓ ここでのポイント

性に関するインターネット上のトラブルについての情報が得られる公的なWebサイト

- 警察庁・文科省「インターネット利用に係る児童の犯罪被害防止啓発リーフレット」
  https://www.npa.go.jp/safetylife/syonen/R2_net-kiken.pdf
- ネット・スマホのなやみを相談「こたエール」【東京都】
  https://www.tokyohelpdesk.metro.tokyo.lg.jp/
- 「エンジェルズアイズ」
  https://angels-eyes.com/

ちょこっとエピソード
増える、生徒からの「通報」

SNSに関するトラブルが絶えない時期がありましたが、授業で学習することによって、「これは危険！」と生徒から通報を受けることが多くなりました。

表現の自由って難しい…

学校の美術室にちょっとしたギャラリーがある。展示されているドレス姿の女性のふくよかな胸に対して「あれはやばいんじゃないんですか？」と生徒たち。「あら、素敵だと私は思うけど」と返すと「表現の自由って難しいね」と生徒たち。

この実践から見えてきたこと

ICT とともに生きている子どもたち

現在の子どもたちは ICT とともに生きています。ICT を通じて多くの情報を得ていますが、性に関する情報も例外ではありません。子どもたちが、自分に必要な情報を取捨選択できる一歩として、性に関する正しい情報源を伝えることも大切です。

また、性に関する情報のトラブルに巻き込まれるのは、女性のみではありません。授業中に、どのような具体例を示すかも注意して選ぶ必要があります。

さらにプライバシーに関わる内容をインターネット上に拡散してしまうなど、メディアを介した生徒間のトラブルは多く発生しています。ICT とプライバシーに関する学習は繰り返し継続的に実施していく必要があります。

危険を避けながら ICT と安全に付き合う

インターネットの利用について教員以上に知識を持っている生徒がいますが、いろいろなトラブルに巻き込まれそうになった経験をしている生徒もいます。注意喚起を教員が一方的に示すより、友だちの意見やアンケートによって実態を知り、互いに話し合うことが大切です。しかし、重大な事件については自分事として考えることが難しい面がありますが、「グルーミング」について触れることで自分にも起こりうることだととらえることができました。ICT の危険性だけを強調するのではなく、危険を避けながら安全に上手に使えるよう、生徒たちを励ますことが重要です。

より良い授業をつくるために

性についての情報があふれる中、どれが正しく、何が自分たちにとって有益なのかの判断はおとなでも 難しい状況です。人権を無視した暴力的、差別的な問題に気づき、危険を避け、安心して安全に ICT を使うためには「性の学び」が大切だという認識が必要です。このことは、これ以降の性の学習にもつながっていきます。

ICT に関するテーマの授業は教員が実態に追い付いていない状況もあります。授業前のアン ケートから生徒の実態をきちんと把握し、他の教科でも ICT について取り上げるなど、連携しながら進めていくことをおすすめします。

『ガイダンス』の視点からの課題

主に関連するキーコンセプト

4「暴力と安全確保」

ICTのトラブル、そこでのあからさまな性情報の問題は、世界中の子ども・若者たちの安全や健康を脅かす課題であることが『ガイダンス』でも指摘されています。日本の学校教育においても、「情報モラル教育」、「生命（いのち）の安全教育」として、取り組まねばならない課題となっています。これらの教育では、その危険性ばかりが強調される傾向にあり、「脅す」ことで、子どもたちをそこから遠ざけようとしがちです。

もちろん、リスクについて明らかにすることは重要です。しかし、これからの子どもたちにとって必要なことは、ICTを安全に使うことであり、『ガイダンス』では、そこが主要な目標になっています。

また、この学習課題の難しさは、ICTに対する、おとなと子どもの経験の格差であり、それは感覚の乖離です。そのため本授業では、子どもたち自身のICTに対する経験や知識を出発点にしています。また、インターネット上の性に関わる情報についてのリテラシーの重要性も強調していますが、学んでこなかったおとなにとっても困難な課題であることを前提としています。何が正しいかという答えを示すことではなく、ICTを安全に使っていこうとする意識や工夫を励ますことが、子どもたちの安全や安心を実現するものとなります。

（田代美江子）

スライドの出典一覧

1 みふねたかし「ネットワークで繋がる人々のイラスト」（いらすとや）
2 警察庁生活安全局少年課「令和3年における少年非行、児童虐待及び子供の性被害の状況」（2022年3月発表）
3 警察庁生活安全局少年課「SNS等に起因する被害児童の現状と対策」（2017年度公開）

〔S－01〕アンケート結果 1（拡大版）

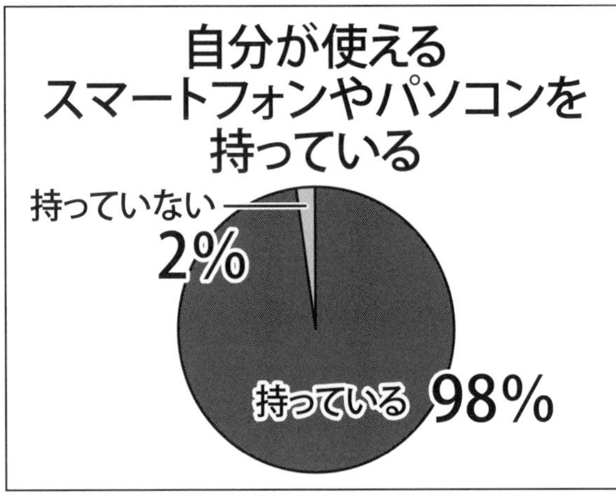

〔S－02〕アンケート結果 2（拡大版）

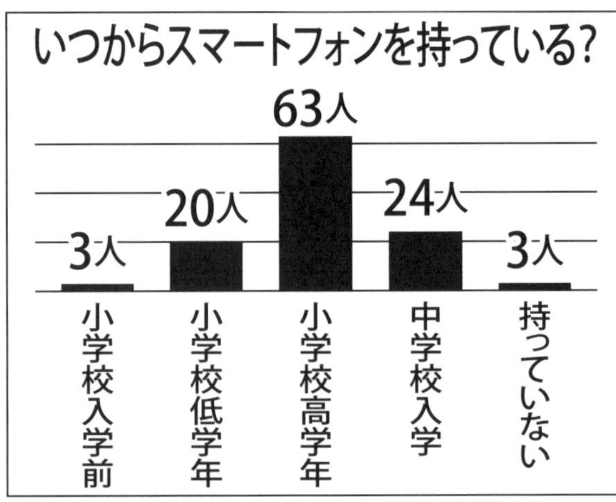

〔S－03〕アンケート結果 3（拡大版）

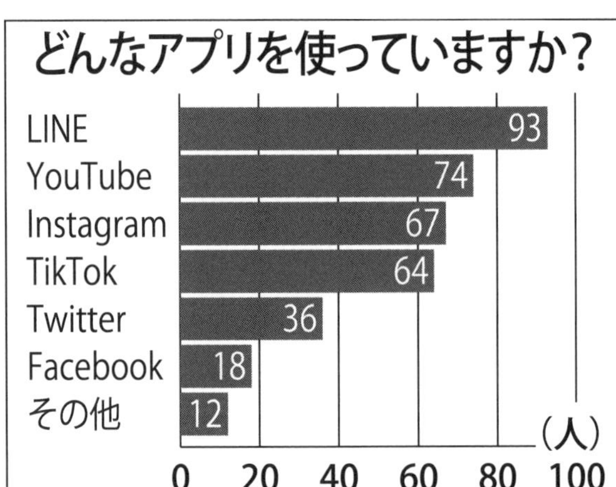

〔資料 5〕性と情報について学ぶワークシート

インターネットとは

グローバルなネットワーク(地球規模の情報通信網)のことである。
省略してネットとも呼ばれる。

SNSとは

S　ソーシャル(社会的な)　N　ネットワーキング(交流)　S　サービス

これらを総称して「情報通信技術」(ICT)という

グループワーク1　「情報通信技術」(ICT)の便利なところ、危険なところ

便利なところ
危険なところ

グループワーク2　SNSで知り合った人とは会わない方が安全だけど、どうしても会いたい場合、どうしたらいいでしょう

自分の意見
友だちの意見（なるほどと思ったところ）

インターネットやSNSはこれからもっと便利なものができて、さらに大きなメリットを得られるようになるかもしれないね。安全に、楽しく使うためには、危険性も知って、それについて対応できる知識や力が必要だね。

性に関することを検索してみよう

①性を学ぶセクソロジー　②＃つながるBOOK
③生理のミカタ　④紳也'sホームページ
⑤Yahoo!きっず「ココカラ学園」　など

実践７　多様な性〈２学年〉全２時間

ねらい　性のありようは多様で対等であることを理解し、平等な社会づくりの実現に向けて何ができるかを明らかにする

１時間目のねらい

性的指向、性自認など、私たちの性のありようは多様であることを知り、多様性の尊重は人権であることを理解する

◀授業の展開▶

生徒の現状と課題	学習の到達点

１－①偏見や思い込みへの気づき（→ p.118）

生徒の現状と課題	学習の到達点
• 性に対する思い込み（ジェンダーバイアス、異性愛中心主義）がある。	• どのような思い込みや偏見があるか説明する。（知識） • 継続的な学習の重要さを認識する。（態度）

１－②自己や他者の性の多様性の理解（→ p.120）

生徒の現状と課題	学習の到達点
• 多様な性に関して「知らない」「知っているつもり」「関心がある」など意識・知識の格差がある。 • 日常の中で、笑いやからかいなどの言動が見られることがある。	• 自分たちの知識が不確かであることが不平等な社会をつくっていることを認識する。（態度）
• LGBTQ に対するあいまいな理解がある。 • マジョリティを「普通」と認識している。	• 人間の性は多面的にとらえることができることを理解する。（知識） • 誰もが多様性の中に対等に位置づくこと（社会では対等に位置づけていないこと）を認識する。（態度）
• LGBTQ の存在がすでに身近になっている生徒がいる。	• 多様な性を生きる私たちがすでに共生している現実を共有する。（知識） • 学習が不平等な社会の変化に必要であることを説明する。（知識） • 人権侵害に立ち向かう責任が自分たちにあることを認識する。（態度）

１－③「カミングアウト」の理解（→ p.127）

生徒の現状と課題	学習の到達点
• 多くの当事者（生徒を含む）は、LGBTQ であることをカミングアウトできない状況にある（人権侵害、不平等な社会状況にある）。	• カミングアウトの意味を理解する。（知識） • 差別に立ち向かう方法を考え、実際にやってみる。（スキル）

2時間目のねらい

多様な性をめぐる社会的な差別に立ち向かうための態度やスキルを身につける

◀授業の展開▶

生徒の現状と課題	学習の到達点

2－① 多様な性の理解（前時の復習）（→ p.129）

• 多様な性に関して、メディアなどから偏りのある情報を獲得し、差別的な行動をとっている。	• 性自認、性的指向などの指標を用いて自己の性を説明する。（知識） • 誰もが多様性の中に対等に位置づくこと（社会では対等に位置づけていないこと）を認識する。（態度）

2－② ゲストと生徒・教員との対話（→ p.130）

• 身近にLGBTQの知り合いがいる生徒は約10%である。日常どこでも様々な性を生きる人がいるという認識がない。	• 性自認、性的指向などに関わらず、自己と他者には共通点や差異があることを認識する。（態度） • その認識が自己を尊重し、差別を引き起こさないことにつながることに気づく。（態度）

2－③ 多様性にひらかれた学校を考える（→ p.134）

• 多様な性のあり方を前提としていない学校で生活している。その問題を認識していない。	• 学校の構造自体が人権侵害をはらんでいることを認識する。（態度） • 人権侵害に立ち向かう方法を実際にやってみる。（スキル）

授業の流れ　１時間目

1－① 偏見や思い込みへの気づき

教員　　　　　　　　　　　　　　　　　　　　　　　　　　　　　　　生徒たち

＊「悩み相談」のプリントを各グループに配布する

まず、この「悩み相談」を見てください。何とアドバイスするか、みんなで考えてみてください

悩み相談　私とパートナーは共働きをしているので、子育ても家事も共同でしていこうと言っていたのに、実際に子どもが産まれて数年経ったころには、シェフのパートナーは仕事で帰りが遅いこともあり、保育士で定時に帰れる私が育児、家事をほとんどやるようになりました。パートナーは休日くらいしか手伝ってくれず、どうしたらよいか悩んでいます。

大日向雅美『増補　母性愛神話の罠』（日本評論社、2015）を参考に、一部変更して作成

子どもがいるんだから、別れるのはやめた方がいい

２人が協力してやれたらいいね。話し合うことが大切

レストランは遅くまでやってるからお父さんは大変なんだよ

シェフはお父さんなの？ あれえ、聞いたことある。何だっけ？

これは１年生の時に、「らしさ」の授業でやったワークです。今回も職業から性別を決めつけて、異性カップルだと思い込んでいませんでしたか？

あー、またシェフは男だと思い込んでた

そうだ、思い出した！ 2人は同性カップルかもしれないって前にもやったよね

今日の授業は、人間の性はどんなふうに多様なのかを知って、自分の性はどうなっているのかを考えてもらいます。そして、自分自身を含めいろいろな性の人が学校、社会で安心して生活するにはどうしたらいいかを考えます。今日はこの授業を一緒に考えた○○さんにもこの授業を見てもらっています。○○さん、よろしくお願いします

☑ ここでのポイント

実はゲストの○○さんは、2時間目にLGBT当事者としてお話をしてもらう方です。まだカミングアウトをせず1時間目の授業にも参加してもらっています。

ちょこっとエピソード
授業後に届いた生徒からの手紙

授業を終えた次の日、ある女子生徒からの手紙が職員室の私の机上にあった。
「小学校から、女の子しか好きになれない。自分はおかしいのだろうかとずっと悩み続けた。授業を受けて、自分はありのままの自分でよいと思えたが、好きであることを告白したい。周りの友だちからなんて思われるか怖い。この感情をどうしたらよいのか。」という思い悩んだ手紙が丁寧な字で綴られていた。

性の学習を活かした友だちづくり

ある日の放課後、私のところにとんできた2名の男子生徒。
「先生、この前転校してきた子、自分はバイセクシュアルって言ってたんだ。ちょっと驚いたけど、俺たち、『ふーん』って普通に答えただけ。勉強していたからよかったよな。あいつ、もし他の学校に転校していたら、きっといじめられてたと思うよ。うちの学校に来てよかったよなあ」

1－② 自己や他者の性の多様性の理解

教員　　　　生徒たち

(1) 性の 4 つの要素

＊〔資料 4〕を黒板に貼る（拡大版は p.98 を参照）

1 年生の時にやった「『女らしさ・男らしさ』を考える」の授業を思い出してください。復習をします。人間の性って 4 つの要素から見ることができるっていう勉強をしたけど、覚えてる？ 4 つ、答えられる？

〔資料 4〕多面的な私たちの性

【性自認】
自分がどんな性別で生きていくかということを、体験を通して感じとるもの。「自分の性別は○○」
【表現する性】
自分の性別をどのように表現するか。社会的につくられている「女らしさ・男らしさ」も影響する
【性的指向】
恋愛対象の性別。どんな性別の人にひかれるか
【からだの特徴】
性染色体、性腺、内外性器などの性の分化状況

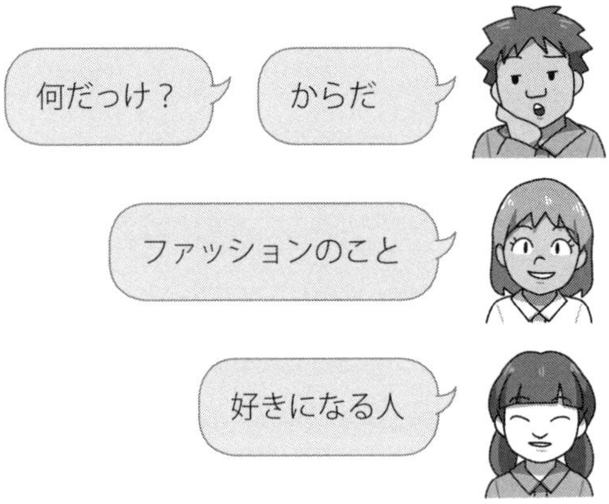

そうだね。いろいろあったね。これから皆さんに授業前に回答してもらった**アンケート**の結果を配ります。それを見ながら確認していきましょう

＊〔資料 6〕を配布する（p.139-141 参照）

☑ ここでのポイント

アンケート結果とともに、各質問項目に解説を付けたプリントを配布しています。この実践ではアンケートがとても大切です。質問項目数が多いですが、生徒の実態に応じて、また、アンケート結果の様子を見ながら活用していきましょう。また、「多面的な私たちの性」の図は性の 4 つの要素を説明するため黒板に貼って示しています。それぞれの性の要素の説明とともに、1 つずつ吹き出しを貼っています。

① 性自認

では質問です。あなたの性別はなんですか？ 声に出さなくてもいいです。
……いま、頭に浮かんだもの、自分がどんな性別で生きていくかということを体験を通して感じとるものを１つ目の要素「性自認」と言います。頭に浮かぶものなので、「こころの性」とか、「私の性別」と言ったりします。自分がどんな性別で生きていくかということを体験を通して感じとるという意味で「生きていく性別」と言ってもいいかもね。自分は女とか男とかどちらでもないとか、いろいろあります。１年生の時に少し勉強したね

「オカマ」とか「オネエ」は駄目なんだよ

そうだった。差別的な言葉だった

よく覚えていたね、「オカマ」とか「オネエ」はからかいの時によく使われるので、いい言葉じゃないって勉強したよね

② からだの特徴

２つ目の要素として、生まれた時の「からだの特徴」で診断される性別もありますね。外性器だけではなく、内性器や性腺、染色体や遺伝子などを調べる場合があります。それぐらいからだの性も多様なんです。**アンケート 6、7** の結果を見ると、女性の性器も男性の性器も形や大きさは人それぞれだということは、みんなよくわかっているね。人それぞれ違うということを何て言ったっけ？

個人差！

そうだね。からだの性（からだの特徴で診断された性別を基にして記載された戸籍の性別）が性自認と異なることを何と言いますか？

トランスジェンダー

性同一性障害でしょ

「トランスジェンダー」と「性同一性障害」は同じ意味ではありません。性同一性障害は性自認にからだの特徴を合わせたい気持ちが強く、性別適合手術を受けるときの診断名です。でも手術を受けたいと思っていないトランスジェンダーの人も多くいます。つまり、性同一性障害の診断を受ける人はトランスジェンダーの人の一部です。ちなみに、国連の一機関の世界保健機関（WHO）では「性同一性障害」は「障害」ではなく「性別不合」と言っています

一方で、生まれた時に割り当てられた性別が性自認と同じことを「シスジェンダー」と言います。1年生の時に少し勉強したよね（p.88 参照）。でも、皆さんの**アンケート 8** を見ると、この言葉を知っている人は少ないですね。多分、皆さんの多くはシスジェンダーだと思うけど、なぜ、みんなはシスジェンダーという言葉を知らないのでしょうか？
これまでシスジェンダーのことを何て言ってきましたか？

考えたことない

何も言っていない

・・・

普通

ノーマル

「考えたことがない」というのは、多数派は考えなくても生きていける社会だからだよね。「普通」とも言ってきたよね。じゃあ「普通」って何？

当たり前だと思っている

人数が多いこと

少数派が普通じゃないっていうこと？ じゃあ、右利きが多い中、左利きは普通じゃないの？

そんなことはない

少数派の左利きの人のことも考えなきゃいけないよね

はさみもそうだよね

左利き用のはさみあるよ

でも電車の改札や自動販売機は右利き用だよ

あ、確かに！ 気づかなかった。
じゃあ、血液型も日本人はＡ型が多いけど、
それ以外は普通じゃないの？

そんなことはない

少ないだけだよね

多数派は生きやすいかもしれないけど、少数派が普通じゃないって言われると、生きにくいよね。性は多様であることが「普通」なんだよね。多数派が普通ではなく、シスジェンダーという呼び名があることを、頭に入れておきましょう

きちんとした呼び方があるんだ

③ 表現する性

３つ目の要素は「ある相談」のワークでもやった「らしさ」などの「性表現」ですね。**アンケート 1、2、3、4** を見ると、多くの人が男だから女だからって決めつけるのはおかしいと思っている人が多いね。１年目の時もしっかり勉強したしね

いろいろな人がいていいよね

好きなことやりたいよね

男も料理できなきゃ

はじめのワークでも気づいたように、「女らしさ」や「男らしさ」などの社会的な性や表現する性は人それぞれだよね

④ 性的指向

4つ目の要素は、「好きになる性別」。「性的指向」と言います。**アンケート5**を見ると、「思春期になると誰もが異性に恋心をもつようになる」とは「思わない」人が多いね。アンケートの解説にあるように、異性を好きになる人、同性を好きになる人、両性を好きになる人、そして誰も好きにならないという人などがいます。自分の性自認からみて、同性を好きになる場合は「同性愛」と言います。異性を好きな場合を何と言いますか？

普通？

また、普通って言った。違うよ

異性愛。これも1年の時にやった

そうだね「ヘテロセクシュアル」とも言うね。性自認からみて同性が好きな場合を「同性愛」、「ホモセクシュアル」。女性が女性を好きになるのは「レズビアン」、男性が男性を好きになるのは「ゲイ」と言います

ホモとゲイって違うんだ

ホモ、レズという省略形はいじめやからかいのときに差別的に使われることが多いので、好ましくありません。省略しない言葉を使った方がいいね

オレ、言ってた

男女両方が恋愛対象になる場合を「両性愛」とか「バイセクシュアル」と言います。そもそも恋愛感情とか性的欲求をもたないことを「無性愛」「Aセクシュアル（アセクシュアル／エイセクシュアル）」と言います。本当に人間って多様でしょ？

恋愛しない人がいてもいいんだ

LGBTでしょ

LGBTQって言うのを聞いたよ

よく知ってるね。「LGBT」とはレズビアン、ゲイ、バイセクシュアル、トランスジェンダーの頭文字を合わせて、人権運動の中でプライドをもって使ってきた言葉です。**アンケート9**を見ると、36％の人が知っているね。「LGBTQ」の「Q」は自分のセクシュアリティがわからない、決めたくないなどの「クエスチョニング」の意味などがあります。
知識があれば、差別的に響く言葉はきっと使わないと思うよ。知らないからそういう言葉を使ってしまうのかもしれません

(2) 性の樹形図

＊〔資料7〕を配布する（p.142参照）

これから配るワークシートを見てください。今話した性自認と出生時に割り当てられた性別と性的指向の組み合わせを整理するとこのような樹形図になります。みんなはどこに当てはまるのか、頭の中で考えてみてください。この図はとても簡単に示したものなので、どこにも当てはまらない人もいるし、こんな図で説明したくない人もいるし、人生の途中で変化する人もいます。人の性は数え切れず、多様です

こんなにあるんだ

すごい！ ヤバい！

みんなはこれまで人間の性を女と男、赤と青のように簡単に2つに分けて考えてきた人が多いと思うけど、人間の性は多様で分けられないほどいろいろあるって考えられるよね。そういうのを、色にたとえてなんて言うか知ってる？

知ってる、知ってる！

虹色

グラデーション！

その通り！ 人の性も虹色のようにグラデーションなんだよね。あなたもそのグラデーションの中の１人なのです。多数派が「普通」「偉い」「強い」ではなく、みんな対等で平等であることを大切にしていきたいね。ではワークシートに人の性は「グラデーション」と書きましょう

(3) 自分の行動を振り返る

アンケート 15 を見ると、からかっている人を注意している人は少ないけれどいます。心強いよね。もっとそういう人が増えるといいね。LGBTQ の人にとってはネタにされるのは嫌だよね。そして、**アンケート 16** を見ると、11％の人は「同性愛やトランスジェンダーの友だちや知り合いがいる」と答えています。**アンケート 17、18** の「思春期になると、同性を好きになるのも自然なことだ」「自分のからだの性別に違和感をもつ人と、もたない人がいる」では「はい」と答えている人が多いのに、**アンケート 14** では、会話の中で「ホモネタ」や「オカマネタ」を聞いて、笑ったことがある人が結構います。何でかな？

差別してるから

馬鹿にしているから

それって笑えないよね

おかしいと思っているから

親戚にいるし

ネタにするの、駄目だよね

（＊）渡辺大輔『マンガワークシートで学ぶ多様な性と生 ジェンダー・LGBTQ・家族・自分について考える』（子どもの未来社、2019、p.55）から転載

1－③「カミングアウト」の理解

教員　　　　生徒たち

考えてみよう、話し合ってみよう

右のマンガを見てください。
あなたがテツマだったら、タカトの話を聞いて何と答えますか？　吹き出しにセリフを入れてください。
はじめは一人ひとりが考え、後でグループで話し合ってみましょう。ミニホワイトボードに記入して前の黒板に貼ってください

（＊）

ふーん、そうなんだあ。男を好きになってもいいじゃん

ナオキ、学びが足りないよ

いいねー。彼、なかなかかっこいいよね。どこに惚れたの？紹介して

男が好きなんて言うのは馬鹿だよ。差別されちゃうじゃん

いいやつだよね。頑張れ！！

何を頑張るの？

なんで？そうならないように考えるのが大事なんじゃない？

差別せずに対等に受けとめる言葉や、共感してくれることを言われたら、きっとタカトさんは安心するね

考えてみよう、話し合ってみよう

では、タカトはどうしてナオキとテツマに話をしたのかな？

信頼していたから

真剣に聞いてくれると思ったから

親友で差別しないと思ったから

安心できたから

でもナオキは驚いてるじゃん。信用できるの?

驚いてもいいんだよ。でも、信頼しているから好きな人のことを話せたんだよね。信頼関係のもとに自分のことを話すことを「カミングアウト」と言います。また、カミングアウトしたい人もいれば、したくない人もいることを理解しましょう。カミングアウトされるということは、あなたは信頼されているという証です。当たり前のことですが、聞いた話を他の人に勝手に話したり、ましてやSNSで拡散することはその人を傷つけることにつながります

私、好きな人ばらされたことがある…

それ、最低!!

人の性は多様で、グラデーションで、あなたもその１人であるということを学習しました。でも皆さんにはまだまだわからないことがたくさんあるかと思います。ということで、タカトさんが質問に答えてくれるとしたら聞いてみたいこと、もっと知りたいことを書いてください。将来のことや社会に目を向けて書いてもいいですよ

☑ ここでのポイント

子どもたちは友だちとの間でアウティングをしてしまうトラブルが起きています。ここでは、ナオキとテツマになぜ話をしたのかを考え、友だちとの信頼関係のもと話をされたことを認識することで、アウティングを防ぐことにつながっていきます。また、ここで生徒たちの知りたいことを「タカトに対する質問」として回収し、次時のゲストとの交流へとつなげていきます。

＊１時間目終了

授業の流れ　2 時間目

2－① 多様な性の理解（前時の復習）

教員
ゲスト

生徒たち

＊〔資料 4〕と〔資料 7〕を黒板に掲示する（p.98、p.142 参照）

今回もゲストの○○さんと一緒に授業をします。前回と今回の授業は○○さんと一緒につくりました。
では、前回の復習をしましょう。人間の性には「性自認」、「からだの特徴」「表現する性」「性的指向」という 4 つの要素がありましたね。樹形図で、様々な性の組み合わせがあることも確認しました。生まれた時に割り当てられた性別のまま生きる場合は「シスジェンダー」、異性を好きになるのは「異性愛」という名前がある、つまり多数派にも名前があり、少数派とともに、皆対等、平等であるということを思い出しましょう。
そして人の性は多様で、グラデーションで、あなたもその 1 人であるということを学習しました。
○○さん、ここまでよろしいでしょうか

いいと思います

✓ ここでのポイント

ここでは、まだゲストが授業を一緒につくった人と紹介しているだけで、LGBTQ 当事者であることは明かしていません。ゲストをただ単に紹介するのではなく、教員との掛け合いの中で、2 人の関係性を生徒たちに伝えていきます。LGBTQ の人は自分の身近に存在するということを理解させるために、できるだけ教員に近い関係にあるゲストが望ましいでしょう。
また、いつでもどこでも様々な性の人が共生しているということに、気づけるようなカミングアウトの展開を大切にしたいと考えています。
以下のやり取りはあくまで一例です。教員とゲストの関係性によって、話を膨らませたり、ここにない質問をするなど工夫をしてください。

2－② ゲストと生徒・教員との対話

教員
ゲスト

生徒たち

＊教員とゲストとの掛け合いを行う

ここで私から先生に質問なんですけど、先生はどうして、まだ教科書に載っていない「多様な性」の授業をやっているんですか？

以前、「思春期になると異性が好きになる」と授業で言われてショックだったとある生徒から言われたことがありました。
私が勉強する中で、性的指向への気づきは 13 歳ごろ、つまり中学 1 年生であることを知りました。だからみんなに伝えたいと思ったんです

☑ ここでのポイント

このほか、この多様な性の授業の必要性がわかるようなやり取りをゲストと行っていきます。
教員自身がこの社会的課題の「当事者」であることを意識していることが重要です。これまでの教員自身の言動を反省しつつ、この「多様な性」の授業が必要だと思ったことをゲストとの対話で伝えていきます。

なるほど。先生の知り合いで LGBTQ の方は何人いますか？ その中で私は何人目の知合いですか？（何気なくカミングアウト）

うーん、〇人目かなあ

えーっ！ どういうこと？

本当はタカトさんを呼びたかったんだけど、漫画のキャラクターなので、代わりに私の友人である〇〇さんをお呼びしました。
今日は、〇〇さんがみんなが出してくれた質問に答えてくれます

皆さん、改めましてこんにちは。教室に入ってきたとき、私がLGBTQのどれかだと気づいていた人も気づかなかった人もいると思います。いろいろな性の人がいつでもどこでもいるということに気づいてくれたら嬉しいです。私はタカトさんではありませんが、皆さんからの質問に答えながら、皆さんと対話をしたいと思います

☑ ここでのポイント

前回授業の最後に集めたタカトへの質問に答えるかたちで、以下のことを意識しながら生徒と対話をしていきます。

- 「みんなはどう？」と問い返し、自分事として考える機会をつくる
- 自分との共通点や差異などに気づかせる
- 世界や日本の法律や制度について伝える

いつ、同性愛に気づいたの？

私の場合は○○歳くらいだけど、みんなの中で恋愛感情をもったことがある人は、初めての恋愛感情は何歳の時ですか？

小学生の時

13歳の時

何で同性が好きなの？

わかりません。異性が好きな人は何で異性が好きなの？

？？？

異性を好きになったことないの？ 異性のことはどう思っているの？

友だちかなあ

異性の人には友情を感じるよ。異性愛の人は同性の人をどう思ってるの？ 今後、同性を好きなままなのか、異性も好きになるのかはわかりません。それは皆さんも同じだよね

どんなタイプが好きなの？

誰かを好きになる人は、どんなタイプの人を好きになるかな？ どんなデートがしたい？

かっこいい人

優しい人

ディズニーランド！

海！

一緒だねえ。そもそも友情と恋愛感情との違いは何？

難しい…

困ったことやつらいことはないの？

まわりの人から「おかまっぽい」って言われたり、学校の保健体育の教科書に「思春期になると自然に異性への関心が高まる」と書かれていたのが嫌でした。皆さんはこれをどのように変えるとより良くなると思いますか？

異性や同性への関心が高まるとか？

ほかの人への関心が高まったり、高まらなかったり

誰にカミングアウトしましたか？

前回の授業で、みんなが話し合った通り、信頼できる友だちにカミングアウトしました。ほとんどの人はちゃんと受けとめてくれました。中にはこの話に触れなくなった人もいて、ちょっと寂しかったです。親に言うのはまだ迷っています。皆さんは自分の大切なことを誰に言いますか？

日本ではまだ同性カップルは結婚できません。今後、できるようになったら、2人の権利を保障するために、結婚するかもしれません。でも、その時は別姓がいいです。子どもはいろいろな形で2人で育てることができますが、私はまだわかりません。パートナーと話し合う必要があります。

同性で結婚できる国もあれば、残念なことに処罰する国もあります。日本は同性婚の制度はありませんが、「パートナーシップ制度」をつくった自治体があります。（2022年4月現在では200以上の自治体がある）少しずつ、日本も変わってきています。みんなは結婚したい？ どうして？

✓ ここでのポイント

生徒からはこのような質問が来ます。

- いつ性的指向や性自認に気づいたか？
- 異性のことはどう思っているのか？
- その人のどこが好きなのか？
- 告白する？
- 付き合ったら何する？
- 将来、どうする？
- 子どもはほしい？
- 差別されたことは？
- なぜ同性が好きか？
- 友情と愛情の違いは？
- 出会いは？
- 相手が異性愛だったらどうする？
- カミングアウトはできた？
- 結婚したい？
- 困ったことは？

ゲストは、自身の経験を話すだけでなく、時に生徒や教員に問い返すこともあります。生徒や教員の経験や考え方を引き出しながら、社会問題として考えられるように、教室全体を巻き込んで対話をすることが求められます。

（＊）渡辺大輔『マンガワークシートで学ぶ多様な性と生 ジェンダー・LGBTQ・家族・自分について考える』（子どもの未来社、2019、pp.38-39）から転載

2－③ 多様性にひらかれた学校を考える

教員

生徒たち

○○さんありがとうございました。2時間にわたって人間の性は多様であることを学びました。ではどんな人にとっても生活しやすくするためにはどうしたらいいか、この学校生活の絵を見て考えましょう

考えてみよう、話し合ってみよう

これは多様性を尊重している学校の絵です。私たちの学校と「同じところ」と「違うところ」を出し合いましょう。また、「多様性を大切にできる学校」を実現するためにはどうしたらいいか考えましょう

◆同じところ

いろいろな肌の色の人がいる

太っている人や痩せている人がいる

車いすの人がいる

（＊）

◆違うところ

男同士で仲良しの人がいる

洋服が自由

茶髪の人もいる

女子は手をつないでも何も言われないのにね

◆「多様性を大切にできる学校」を実現するためには？

もっと自由な学校がいいから、校則をゆるくする

校長先生に生徒の意見を伝える

生徒総会などで意見を出すといいかもしれませんね。実際に、生徒が要望して変わってきている学校もあります

そうなんだ

自分の思いを伝えるって必要だね

まず、性は多様であることを知ること、理解することで偏見や差別がなくなることに通じます。自分にもいろいろな違いがあるんだから、人の違いを見つけて差別するのでなく、違いを大切にできる人になりたいね。そして、人間性、中身を見れる人になりたいね。これからも一緒に勉強していきましょう。
この学校もどんな人でも過ごしやすいように少しずつ変わってきています。制服のバリエーションを増やす、誰でもトイレを設置する、「～さん」づけで名前を呼ぶ、名簿の男女分けをやめるなど。もっと過ごしやすい学校をつくるために、一緒にこれからも「多様性」を尊重した私たちの学校をつくっていきましょう。
そして、社会的な差別を乗り越えるためには「声を上げる」って大切なことだね。これまで声を上げられなかった人々が、自分たちの権利の保障を求めて声を上げることで、これまで「当たり前」だと思ってきたことがそうではないと気づくこともあります。自分の気持ちを表現する力をつけることがおとなになろうしているあなたたちに求められていることです。人間関係も含め、いろいろな多様性を大切にできる学校をこれからみんなでつくっていきましょう。
今日は〇〇さん、ありがとうございました

＊〔資料 8〕を配布（p. 143 参照）

多様な性についての本や漫画、相談先が載っている参考資料を配布します。気になったものがあったら読んでみてくださいね。図書室にも置いてあるよ

この実践から見えてきたこと

アンケートで知る、自分たちの「現在地」

アンケートを活用することでクラスメイトの「多様な性」に関する意識、実態を把握できます。そして、「多様な性」について知識がなかったり、誤った認識をもっていたりしたために、差別をしてきた実態をみんなで確認することによって、多様な性について学ぶことの重要性を認識できます。自分を含めて「人間の性は多様」であることを理解し、グループワークを通して、どのような発言、行動をとればよいのかを考えることができます。その上で多様性を尊重した学校・クラスづくりの方法についても考えることができます。

授業の改善点を生徒から学ぶ

自分自身も多様な性の 1 人であること、性の多様性の問題を「他人事」から「自分事」として認識すること、そしてあらゆる差別に対しての意識の変革を図ることができるためには、どのような内容、展開、教材が必要か、12 年の実践の中で、一番悩み続けた授業です。

授業後に 15 人ぐらいの生徒に集まってもらって座談会を開き、今日の授業について、どこがよかったたか、わかりにくかったところなどを出してもらったり、また授業を受けた後の教室での友だちの様子を聞くなどしてきました。さらにこうすればよくなるのではという授業改革につながる意見もたくさん出してくれました。

より良い授業をつくるために

「普通」という概念、「人を分ける」感覚をどう払しょくするかが人権教育としての大きな目標でもあります。授業で学んだことと普段の生活を繋げて考えることは大きな課題で、それは教職員を含めたおとなも日ごろから気をつけなくてはなりません。

また、多くの学校では LGBTQ のゲストの方を招くことは難しいことも考えられます。ゲストなしでの授業をどうつくっていくかは今後の課題です。そのためにも、事前のアンケートで生徒の実態を把握しながら行う 1 時間目の授業が鍵となります。

「性の多様性」を見る際の「4 つの要素」の説明の仕方も、図での表し方（性の樹形図）も、本書で紹介したものが絶対的なものではありません。その人その人でもっとしっくりくるものがつくれるかもしれません。人間の複雑であいまいで多様な性を要素や図で表すことにも限界があるということも考えておく必要があります。

『ガイダンス』の視点からの課題

主に関連するキーコンセプト

3「ジェンダーの理解」

初版の『ガイダンス』には「多様性は、セクシュアリティの基本である」と書いてあります。したがって、幼少期から多様な性の学習が必要になります。

改訂版の『ガイダンス』では、「世界にはさまざまな家族の形がある」というキーアイデアで、「家族の様々な形（例：ふたり親の家族、ひとり親の家族、世帯主が子どもの家族、世帯主が後見人の家族、拡大家族、核家族、非伝統的家族）を説明する（知識）」「家族のさまざまな形に対する尊重を表現する（態度）」（トピック 1.1）が、5～8 歳の学習課題となっています。

9～12 歳の小学校中高学年ではジェンダーアイデンティティの尊重や、性的指向などを理由としたハラスメントやいじめとは何かを確認し、いじめに対して声を上げる責任を認識し、実際に声を上げることが課題となっています。

12～15 歳の中学校段階では、「人との差異（HIV、妊娠や健康の状態、経済的立場、民族性、人種、出自、ジェンダー、性的指向、ジェンダーアイデンティティ、その他の差異など）を理由にしたスティグマや差別は、人の尊厳を否定し、ウェルビーイング（幸福）に有害で、人権侵害である」（トピック 1.3）、「ジェンダーステレオタイプやジェンダーバイアスは、男性、女性、そして多様な性的指向およびジェンダーアイデンティティをもつ人々が受ける扱いと、かれらにとって可能な選択肢に影響する」（トピック 3.2）、「性的に活発で、避妊具の使用にメリットがある若者は、能力、婚姻状況、ジェンダー、ジェンダーアイデンティティ、性的指向に関わらず、大きな障壁なしに避妊具にアクセス可能であるべきである」（トピック 8.1）という課題に迫ります。

現時点では、小学校段階で上記の課題についての学習がほとんど行われていないため、この授業のように中学校段階で基礎から学習することになっています。

もし小学校での学習が十分行われていれば、この授業の 2 時間目を中心に、そこから生徒たちが学校の課題や社会的課題を発見し、地域の LGBTQ 団体などのネットワークともつながりながら、解決策を考え実践していくといった、より深い学びができるようになります。

（渡辺大輔）

ちょこっとエピソード
「あの授業、やっていてよかった」

運動会を見に来た卒業生が私に話してくれました。

「先生、私の友だち、バイセクシュアルなの。いろいろ悩んでいたから、私が話を聞いてあげた。アドバイスもしてあげた。あの授業やっていてよかった」

新人教員も性の学習のとりこに

ある男子生徒が、新規採用の女性教諭に。

「ねえねえ、先生知ってる？ 性ってグラデーションなんだよ」と。その言葉を聞いた教諭は感動し、それ以後、たくさんの性の学習の授業を見に来てくれ、自分自身も授業を行うまでになった。

生徒は、誰に相談できるかを見ている

本校から転勤した先生から。

クラスで同性愛を馬鹿にした言動があり、「人間の性はそんな単純なものじゃない。いろいろな人がいて当たり前、性はグラデーション！」と話を懇々とする。そんな様子を見たトランスジェンダーの生徒が「話ができそうな先生ができた」とスクールカウンセラー（SC）に伝えた。それが自分だと SC から聞き、とても嬉しかった！ と連絡をもらう。

〔資料6〕多様な性を学ぶ事前アンケート結果

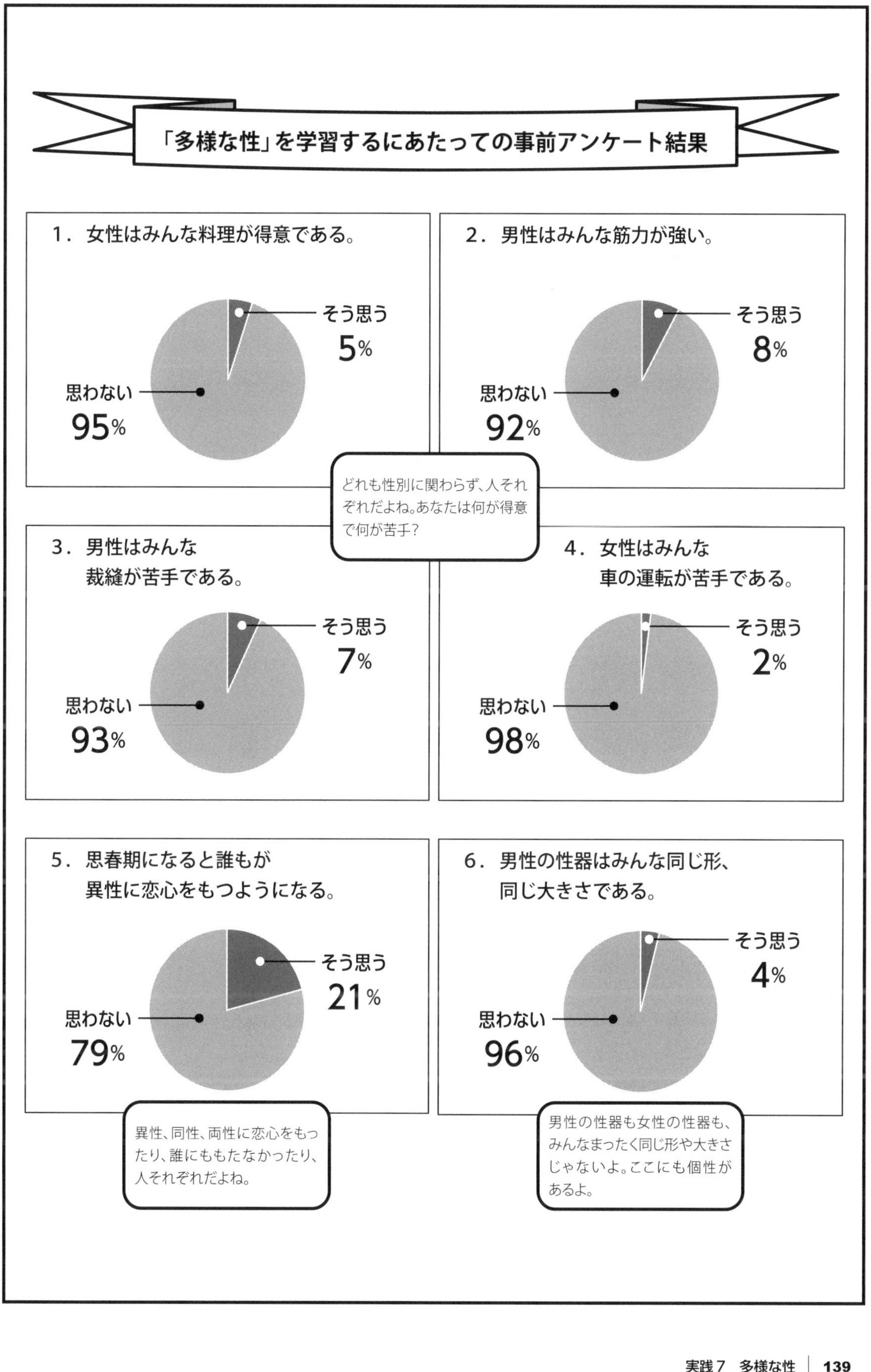
「多様な性」を学習するにあたっての事前アンケート結果
1．女性はみんな料理が得意である。
そう思う 5%
思わない 95%
2．男性はみんな筋力が強い。
そう思う 8%
思わない 92%
どれも性別に関わらず、人それぞれだよね。あなたは何が得意で何が苦手？
3．男性はみんな裁縫が苦手である。
そう思う 7%
思わない 93%
4．女性はみんな車の運転が苦手である。
そう思う 2%
思わない 98%
5．思春期になると誰もが異性に恋心をもつようになる。
そう思う 21%
思わない 79%
6．男性の性器はみんな同じ形、同じ大きさである。
そう思う 4%
思わない 96%
異性、同性、両性に恋心をもったり、誰にももたなかったり、人それぞれだよね。
男性の性器も女性の性器も、みんなまったく同じ形や大きさじゃないよ。ここにも個性があるよ。

7．女性の性器はみんな同じ形、同じ大きさである。

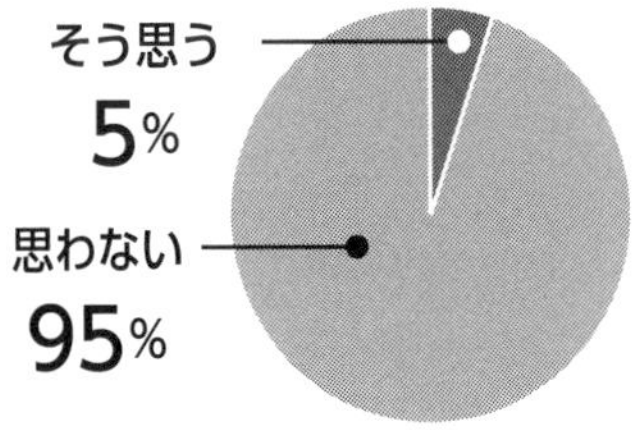

8．「シスジェンダー」という言葉を知っている。

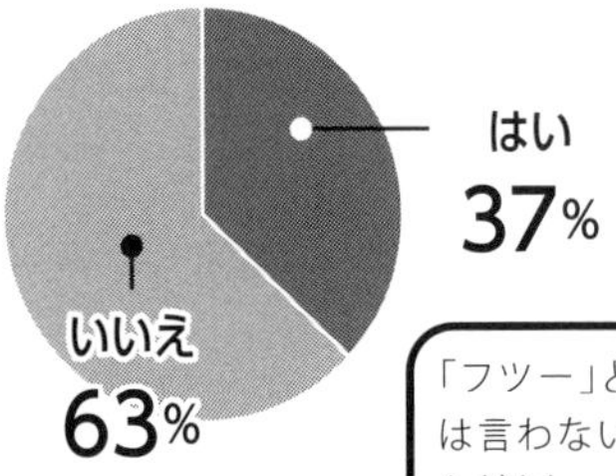

1年生の時に少しだけやったけど、生まれた時に割り当てられた性別のまま生きることを「シスジェンダー」っていうよ。生まれたときに割り当てられた性別とは異なる性別で生きることは「トランスジェンダー」っていうよ。

「フツー」とは言わないんだよね。

9．「LGBT」という言葉を知っている。

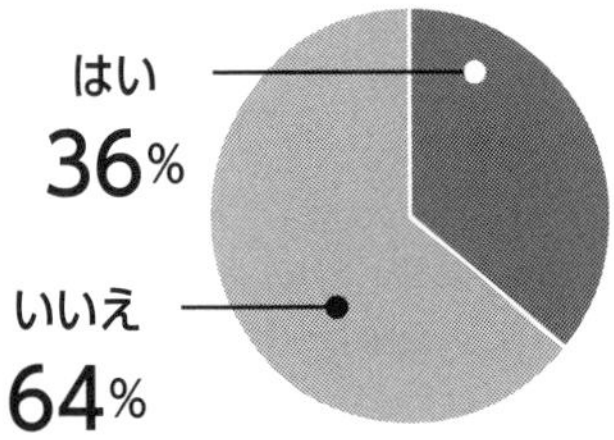

10．「ホモネタ」や「オカマネタ」をテレビやインターネットで見たことがある。

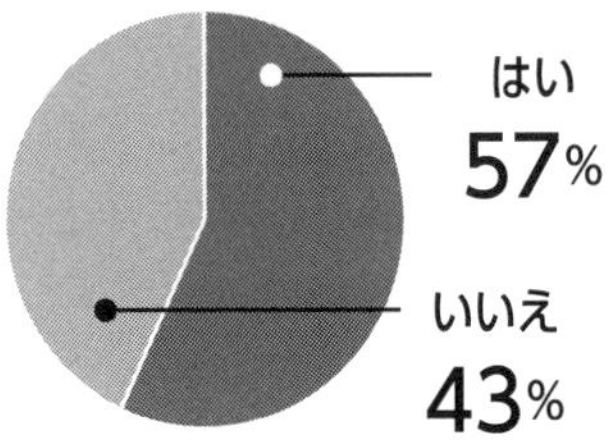

異性が好きなことを「異性愛」って言うけど、女性が好きな女性をレズビアン（L）、男性が好きな男性をゲイ（G）、両性が好きなことをバイセクシュアル（B）、それにトランスジェンダー（T）の頭文字を合わせたものだよ。

11．「ホモネタ」や「オカマネタ」を友だちとの会話の中で聞いたことがある。

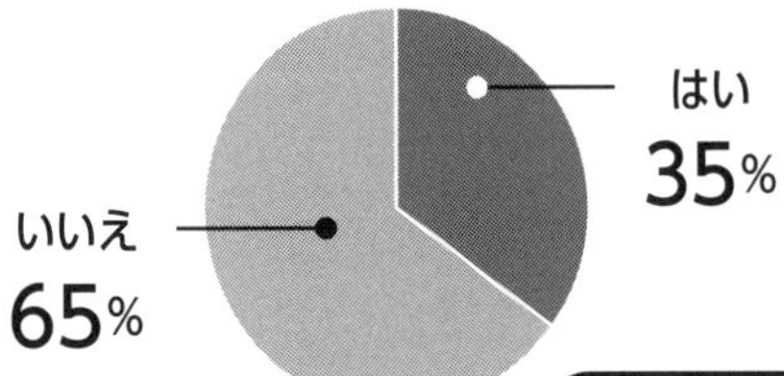

12．「ホモネタ」や「オカマネタ」を家族との会話の中で聞いたことがある。

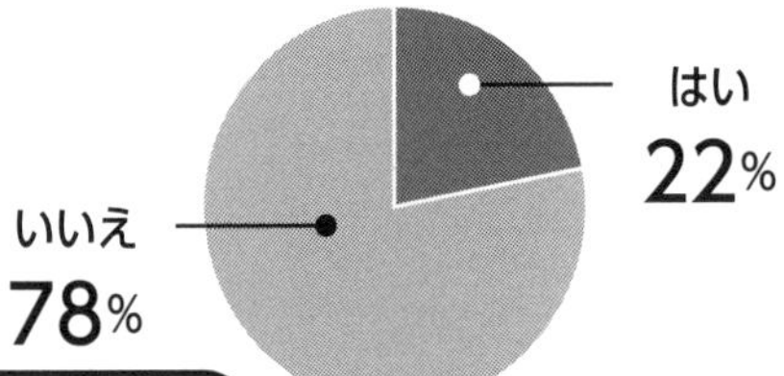

「ホモネタ」などをテレビやインターネット、友だちとの会話で聞いたことがある人が多いね。先生が言っているのは問題だね！

13．「ホモネタ」や「オカマネタ」を学校の先生との会話の中で聞いたことがある。

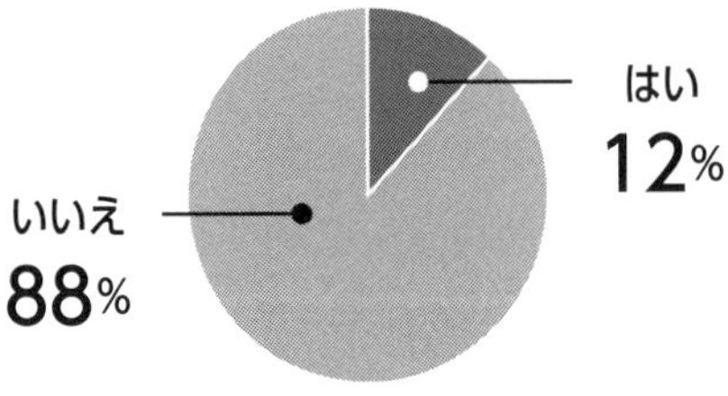

14．「ホモネタ」や「オカマネタ」で笑ったことがある。

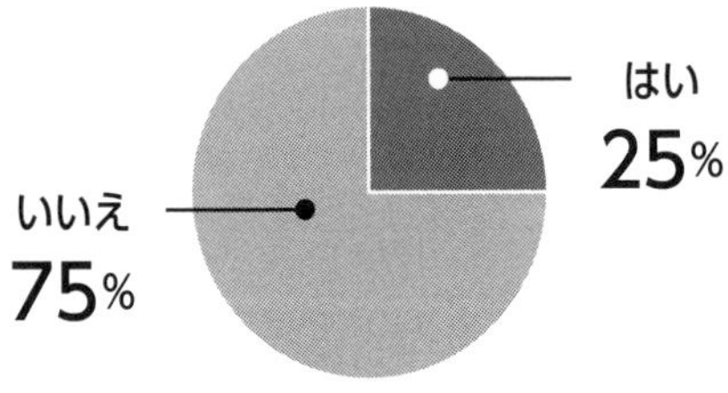

15. 「ホモネタ」や「オカマネタ」はいけないものだと注意したことがある。

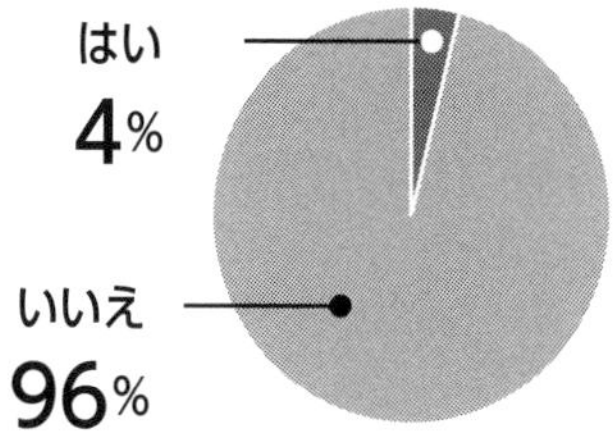

「ホモネタ」などを注意した人は素晴らしいね！
もし友だちが注意してくれたら、身近なLGBTQの友だちや知り合いも嬉しいよね。

16. 同性愛やトランスジェンダーの友だちや知り合いがいる。

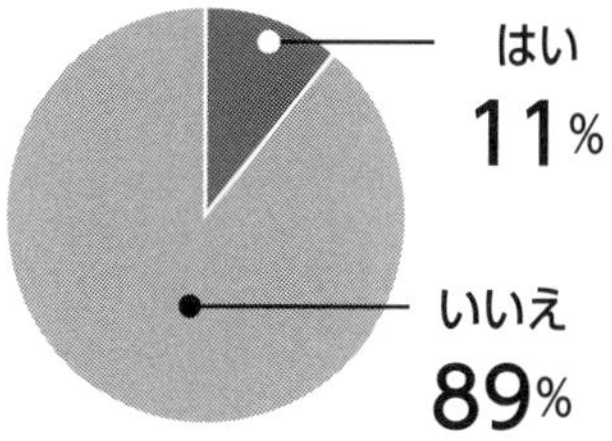

17. 異性を好きになるのも、同性を好きになるのも自然なことだ。

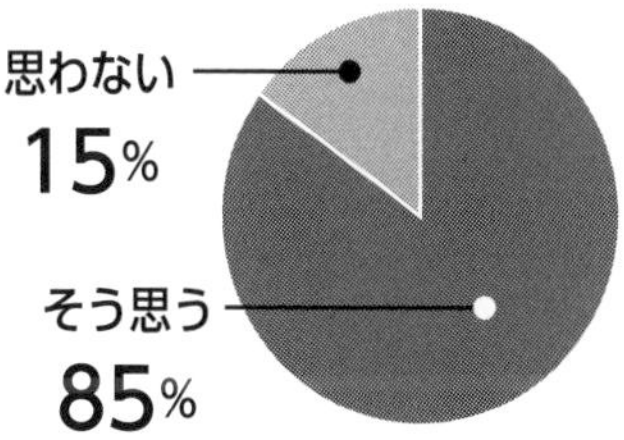

異性を好きになるのも同性を好きになるのも、自分のからだの性別に違和感をもつのももたないのも、どれも人として「自然」なこと。
でも自分の性に悩んだら相談もできるよ。

18. 自分のからだの性別に違和感をもつ人と、もたない人がいる。

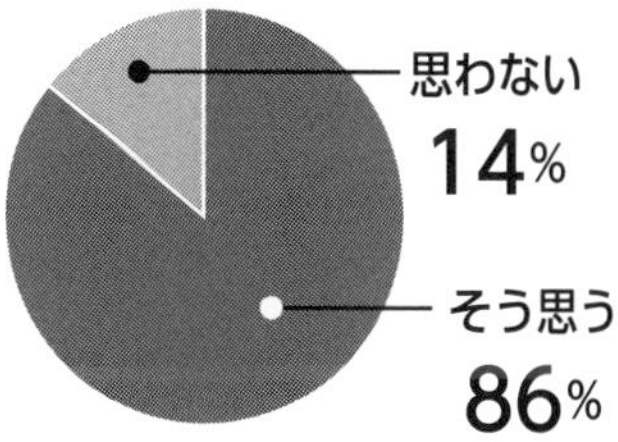

19. 異性同士でも同性同士でも結婚できる国がある。

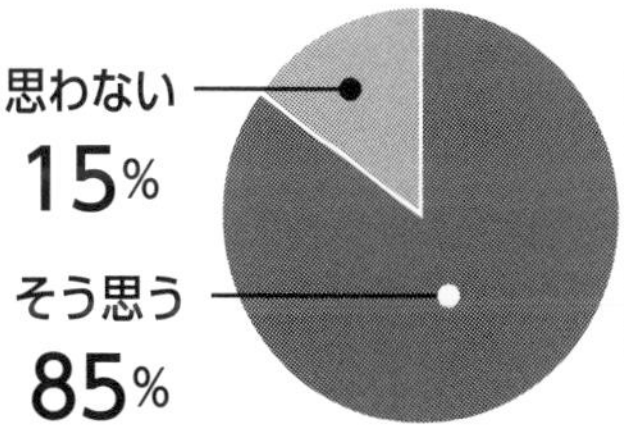

同性で結婚できるのは32ヶ国・地域。結婚に近い制度があるのは23ヶ国・地域（2022年7月）。反対に死刑になるのは11ヶ国・地域あるんだ（2020年12月）。

20. 日本には同性パートナーを認める制度を持つ地域がある。

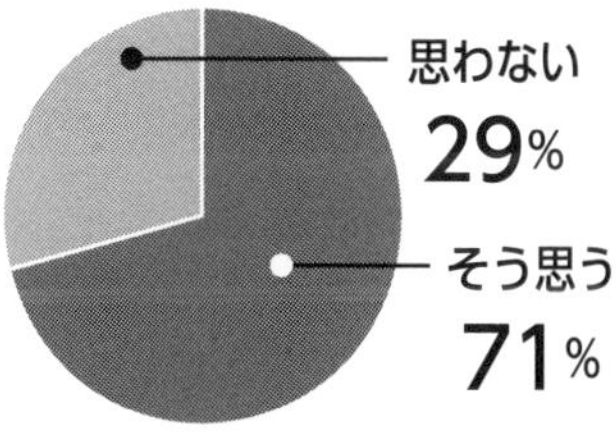

日本は同性で結婚はできないけど、都道府県や市区町村でパートナーシップ制度を持っているのは200自治体以上あるよ（2022年4月）。

21. 学校で性の多様性のことを考えて工夫していることがあれば書いてください。

- 制服を選べる
- 出席番号が男女混合
- 体育の男女合同
- 違いを認めるところ
- 恋人を彼氏、彼女と言わない
- 男女関係なく話す

22. 学校で性の多様性を考えてもっと工夫が必要だと思うことがあれば書いてください。

- ネクタイとリボンを自由にする
- どんな人にも優しい環境にしてほしい
- 日本の同性パートナーを認める
- LGBT への批判が少なくなればいい
- 校則の改正（髪型など）

2021年9月アンケート調査

〔資料 7〕多様な性を学ぶワークシート

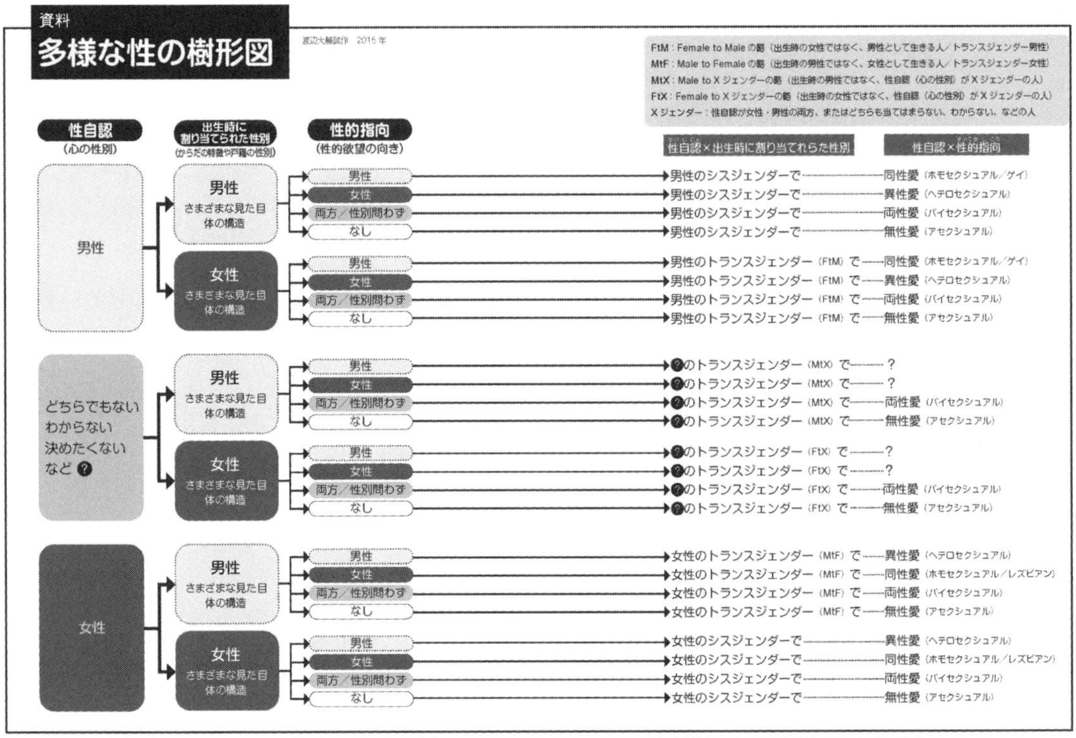

この図は、"性の多様性"をわかりやすく図式化したもの。性を構成する側面はいろいろあるが、これは「性自認（心の性別）」「身体の性別」「性的指向（性的欲望の向き〈好きになる性〉）」の３側面だけの組み合わせを表したもので、ここに示したものが全てではない。この図では、自分はどこに当てはまるか、どこにも当てはまらないか、そこにはどんな名前がついているか、他の人に知られたくない場合もあるので、頭のなかで考えてみよう。

渡辺大輔『マンガワークシートで学ぶ多様な性と生』（子どもの未来社、2019、p.70-71）を本書の掲載ために一部改訂し転載（2022 年改訂）

実際は樹形図のようにきれいに分けられません。
性自認が揺れたり、性的指向が揺れたり、あいまいだったり、変わったりする場合があります。
つまり、人間の性は
【　　　　　　　　　　　　　　　】
のようになっているのです。
私たち一人ひとりはその中のたった 1 つの点にすぎないのです。

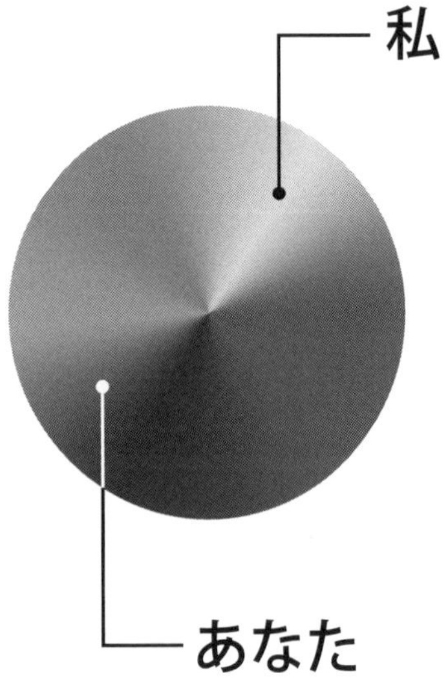

※上図は実際には、カラーのグラデーションの円になっています。

〔資料 8〕多様な性を知る参考図書

参考資料　★印は学校の図書室にあるよ!

①多様な性をもっと知る

★渡辺大輔『性の多様性ってなんだろう?（中学生の質問箱）』平凡社、2018年

★ここから探検隊『思春期サバイバル 10代の時って考えることが多くなる気がするわけ』はるか書房、2013年

★日高庸晴『もっと知りたい! 話したい! セクシュアルマイノリティ ありのままのきみがいい』（全3巻）汐文社、2015年

★NPO法人ReBit監修『「ふつう」ってなんだ?　LGBTについて知る本』学研プラス、2018年

★パレットーク、ケイカ『マンガでわかるLGBTQ+』講談社、2021年

★遠藤まめた『みんな自分らしくいるためのはじめてのLGBT』ちくまプリマー新書、2021年

★渡辺大輔監修『いろいろな性、いろいろな生きかた　いろいろな性と向きあう、35人のインタビュー』（全 3 巻）ポプラ社、2016年

★手丸かのこ・金子由美子『知ってる? LGBTの友だち レインボーKids』子どもの未来社、2017年

②LGBTQの人のエッセイ

★上川あや『変えてゆく勇気　――「性同一性障害」の私から』岩波新書、2007年

★牧村朝子『百合のリアル』星海社新書、2013年

★南和行『同性婚　私たち弁護士夫夫（ふうふ）です』祥伝社新書、2015年

★遠藤まめた『オレは絶対にワタシじゃない トランスジェンダー逆襲の記』はるか書房、2018年

★RYOJI+砂川秀樹編『カミングアウト・レターズ　子どもと親、生徒と教師の往復書簡』太郎次郎社エディタス、2007年

③マンガ・コミック・絵本

★志村貴子『放浪息子』（全15巻）エンターブレイン（ビームコミックス）、2002年～2013年

★田亀源五郎『弟の夫』（全4巻）双葉社（アクションコミックス）、2015年～2017年

★よしながふみ『きのう何食べた?』モーニングＫＣ、講談社、2007年～

★KAITO『青のフラッグ』全8巻、集英社（ジャンプコミックス）、2017年～2020年

★志村貴子『おとなになっても』講談社（KC KISS）、2019年～

☆大分県『りんごの色～LGBTを知っていますか?～』2017年（←インターネットで読めるよ）

☆おくら『うちの息子はたぶんゲイ』、スクウェア・エニックス、2019年～（←インターネットで読めるよ）

☆竹内佐千子『赤ちゃん本部長』（全3巻）講談社コミックプラス、2018～2020年

★手丸かのこ・金子由美子『知ってる? LGBTの友だち　レインボーKids』子どもの未来社、2017年

★ジェシカ・ウォルトンほか『くまのトーマスはおんなのこ』ポット出版プラス、2016年

★ジャスティン・リチャードソンほか『タンタンタンゴはパパふたり』ポット出版、2008年

★メアリ・ホフマンほか『いろいろ いろんな かぞくのほん』少年写真新聞社、2018年

④居場所・相談先・WEBサイト（検索してみよう）

- にじーず：10代～23歳までのLGBT（そうかもしれない人をふくむ）のための居場所（池袋、さいたま新都心など）
  https://24zzz-lgbt.com/
- LGBTの家族と友人をつなぐ会：家族のサポートグループ　http://lgbt.web.fc2.com/
- 東京弁護士会セクシュアルマイノリティ電話法律相談　03-3581-5515（毎月第2・4木曜日17時～19時）
- はじめてのトランスジェンダー　https://trans101.jp/
- 東京都公式動画チャンネル「多様な性があること、知っていますか?」https://tokyodouga.jp/sBwiUOmU23M.html

実践 8　性感染症の予防〈3 学年〉全 2 時間

ねらい　性感染症の基礎知識を得て、予防法、検査、相談の重要性を理解する

1 時間目のねらい
性感染症の現状や効果的な予防方法について理解する

◀授業の展開▶

生徒の現状と課題	学習の到達点

1－① 日本の性感染症の動向（→ p.146）

生徒の現状と課題	学習の到達点
• 性感染症を身近な問題としてとらえていない。	• 日本では 15 歳から性感染症の感染者数が増えるという動向を知る。（知識） • 性感染症が身近な問題であることを認識する。（態度）

1－② 性感染症の特徴（→ p.148）

生徒の現状と課題	学習の到達点
• 性感染症の理解が乏しく、「恥ずかしい病気」というイメージがある。	• 性感染症の種類、感染経路、症状について理解する。（知識） • 誰でも感染することを認識する。（態度）

1－③ 性感染症の予防法（→ p.152）

生徒の現状と課題	学習の到達点
• 予防法についての認識は薄く、自分事としてとらえられない。 • 性交に対してネガティブなイメージがあるため、「コンドーム」に対するマイナスイメージが強い。	• 様々な予防法を説明する。（知識） • 予防法を実行できる関係性について認識する。（態度） • コンドームが自分と相手を守るために効果的な方法であることを示す。（スキル）

2時間目のねらい

性感染症に関する検査と治療の重要性を理解する
性感染症をめぐる人権問題を理解し、人権を尊重する態度を養う

◀授業の展開▶

生徒の現状と課題	学習の到達点

2－① 感染の可能性（→ p.156）

• 自分は感染しないと思っている。	• 誰でも感染する可能性があることを認識する。（態度）

2－② 治療の必要性（→ p.157）

• HIV/エイズの知識が乏しい。全く知らない生徒も多い。	• HIV/エイズの基礎的な知識（潜伏期間・感染経路・症状・予防法）を知る。（知識） • 具体的な治療方法を知る。（知識）

2－③ 検査や相談機関（→ p.160）

• 検査の意義や方法を知らない。 • 「こわい」「恥ずかしい」という思いが強く、相談や検査に躊躇する気持ちがある。	• 検査方法、時期や手続きについて理解する。（知識） • 検査の利点を明らかにする。（知識） • 早期発見をすることの利点を知る。（知識） • 十分な情報を基に、プライバシーを守られながら検査を受ける権利があることを認識する。（態度） • 相談する場所を具体的に示す。（スキル）

2－④ 性感染症と人権（→ p.163）

• HIV/エイズ感染者に対する差別や偏見の歴史を知らない。	• HIV/エイズに関する日本を含む世界の人権擁護の取り組みを知る。（知識） • 他の病気に対する差別問題にもつながることを認識する。（態度）

授業の流れ　1時間目

1－① 日本の性感染症の動向

教員　　　　　　　　　　　　　　　　　　　生徒たち

「感染症」で思い浮かぶ病気は何かな？

結核

コロナ

水ぼうそう

おたふく風邪

o－157

インフルエンザ

そうだね。たくさんの病気があるね

＊○ × カードを配布する

今日は感染症の中の、「性感染症」について学習します。
性感染症とは性的接触で感染する病気です。これから○×クイズを行います。○ × カードを渡すので、自分で考えて正しいと思う方のカードをあげてください。
では日本の感染者の実態についての問題です

クイズ 1　性感染症の感染者数は 20 歳代が最も多い

やっぱり若い人が多い

もっとおとなの病気なんじゃない

〔S－01〕クラミジアの感染者数

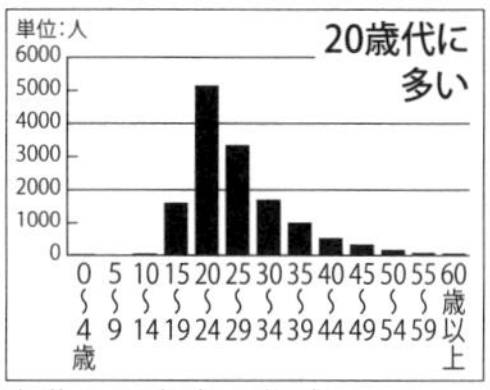

出典１を参考に作成

〔S－02〕梅毒の感染者数

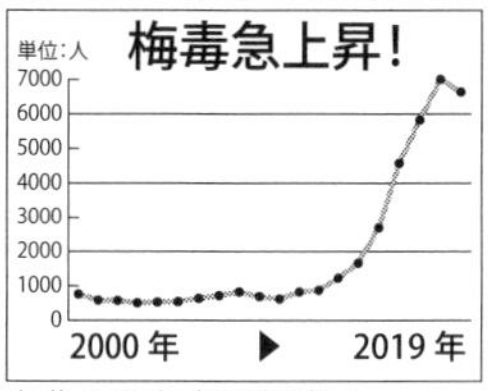

出典２を参考に作成

▶〔S－01〕クラミジアの感染者数

正解は○。グラフを見てください。「性器クラミジア」という性感染症のグラフですが、20 歳代が一番多いね。でも 10 代の人もかなり多いよ。何でなのかな？

やっちゃう人が多いから

恋人ができるからじゃん

そうだね。10 代後半から性行動が活発になることが関係しているかもしれないね。では、ちょっと考えてみよう。
パートナーと性的接触をするとき、もし、性感染症の知識がなかったら、また、性感染症は自分に関係ないと思っていたら、性感染症にかかってしまうかもしれないよね。
そして性感染症の知識があっても相手と性感染症の話ができないと感染してしまう可能性があるんだよ。関係性って大事なんだよ。
性感染症が 20 代に多いのは、いろいろな理由がありそうだね

▶〔S－02〕梅毒の感染者数

じゃあ、「梅毒」という性感染症は知ってるかな？
昔、流行っていましたが、ここ数年、急上昇しているんだよ

梅毒ってどんなの？

何で増えてるの？

怖い病気って聞いたことがある

治るの？

薬はあり、治すこともできます

へえ、そうなんだ

1－② 性感染症の特徴

(1) 性感染症の種類

性器クラミジアや梅毒だけでなく、性感染症には、いろいろな種類があります。淋菌感染症、性器ヘルペス、せん圭コンジローマ、HIV感染症などこの他にもたくさんあります

たくさんあるね

感染したらどうなるの？

病気によって違いますが､主に性器のかゆみや痛みがあります。膿が出たり、いぼができたり、性器だけでなく、からだのいろいろなところに症状が出る場合があります。でも、症状が出にくいものもあります

(2) 感染経路

クイズ２　性感染症は、性器と性器の結合、つまり性交をしなければ、感染しない病気である

正解は ×。感染経路は性交によるものがほとんどです。しかし、他の性的接触でも感染するんだよ。たとえばクラミジアや梅毒、淋菌感染症、性器ヘルペスは感染力が強いので口やのどに病原体が付いていると、キスでも感染することがあります。性器だけでなく、粘膜の接触で感染することがあります。粘膜は傷つきやすく、その傷ついたところから精液、膣分泌液、血液によって感染します

では、粘膜ってどこにありますか？ ヒント、からだで潤っているところ

〔S－03〕粘膜の組み合わせ

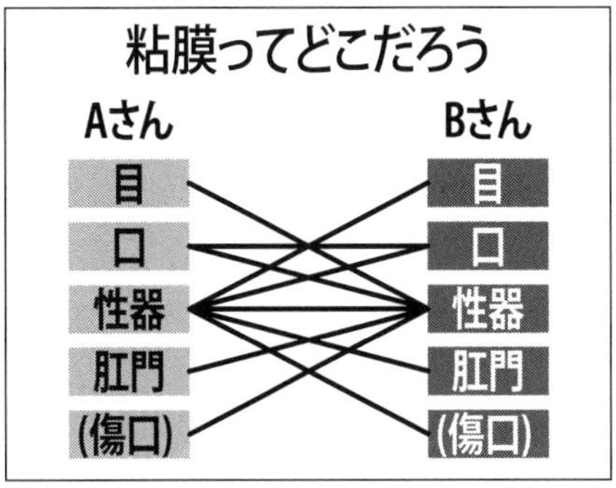

目

鼻

胃

胃は触れないよ

そっかあ

口

性器

耳の中は？

そうだね。目、鼻の中、耳の中、口、性器の内側、その他に肛門の内側とかもあるよね。いろいろなところに粘膜があります。ウイルスや細菌は精液、膣分泌液、血液の中などにいます

▶〔S－03〕粘膜の組み合わせ

上のスライドを見てください。A さんと B さんの粘膜のある場所を書き出してみました。A さんと B さんの性器の接触、口と口、目と性器、口と性器、性器と肛門など、いろいろな接触によって感染をする可能性があります、また、傷口などからも感染します。異性間、同性間に関わらず、感染します

目と性器ってどういうこと？

性器からでた精液が目に入っちゃったりすることもあるんだよ

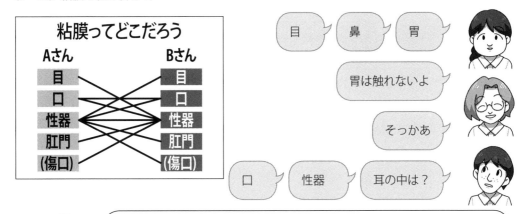

口と性器だって

肛門と性器だって

でも実は、皮膚同士でも感染するものもあるんだよ。愛情表現の形もいろいろだよね。だから性別の組み合わせに関係なく、様々な性的接触のパターンが考えられるよね

(3) 性感染症の症状

クイズ3　性感染症は症状がすぐに出る

正解は ×。他の感染症と同じように無症状の時期である「潜伏期間」があります

▶〔S - 04〕性感染症の流れ（p.151 参照）

ウイルスや菌が入ったら、どのような流れになるのかを確認します。
菌やウイルスが入って増殖すると「感染」します。しかし、すぐに症状が出るとは限りません。症状が出ない期間を「潜伏期間」と言います。何らかの症状が出ることを「発病・発症」と言います。
どの時点から人に感染すると思いますか？ 症状が出ない潜伏期間の間でも、感染してしまいます

潜伏期間にうつしちゃうんだ

コロナやインフルエンザと一緒だね

クイズ4　潜伏期間は年単位のものもある

年単位って？

それって発病しなかったってことにならないの

▶〔S - 05〕潜伏期間（p.151 参照）

正解は○。表のように性感染症の種類によって潜伏期間も違います。
10 年以上発症しないこともあるんだよ

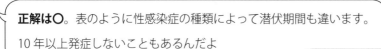

10 年のもあるんだ

主な性感染症の潜伏期間や主な症状が載っていますね。このように、性感染症は、その種類によって潜伏期間も症状も違います。症状に気づきにくく、潜伏期間中の無症状の間に人から人へうつることがあります。
早期発見のために普段から、入浴の時やトイレの時に自分のからだ（性器）の状態を知っておくことが大切だね。特に女性は性器の構造的に粘膜がからだの中にあるため、症状に気づきにくいんだよね。
例えば、粘膜のあるところに痛い、かゆい、しみる、いぼいぼ、ゴリゴリ、血が出る、ウミが出る、おりものがいつもと違う、いつもと違うにおいがするなどの症状があったら、性感染症の可能性があるかもしれないよ

〔S - 04〕性感染症の流れ

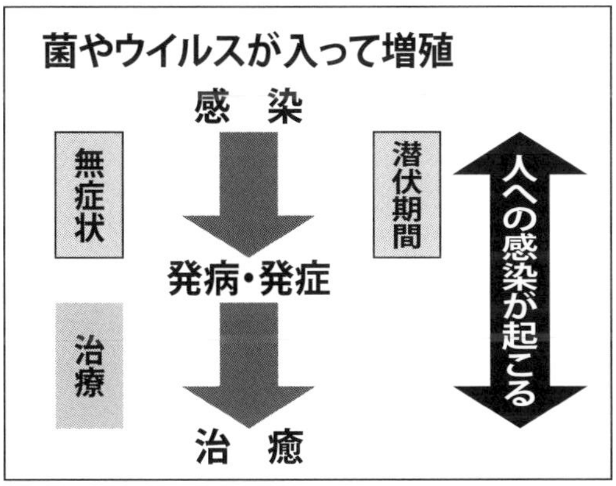

〔S - 05〕潜伏期間

病名	潜伏期間
淋菌感染症	2～7日
性器ヘルペスウイルス感染症	2～10日
性器クラミジア感染症	1～4週間
梅毒	3週間
尖圭コンジローマ(HPV)	2～3ヶ月
子宮頸がん(HPV)	5～10年
HIV感染症	5～10年

〔S - 06〕人から人へ

出典３から引用し一部加筆

〔S - 07〕コンドーム

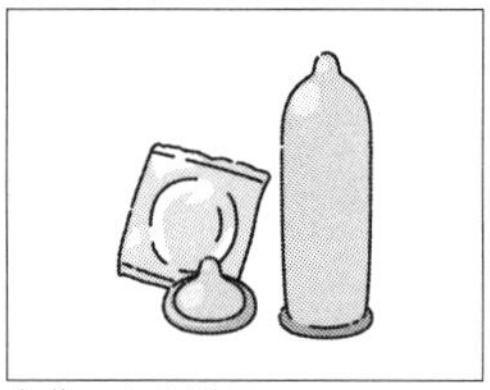

出典３から引用

〔S - 08〕コンドームの有効性

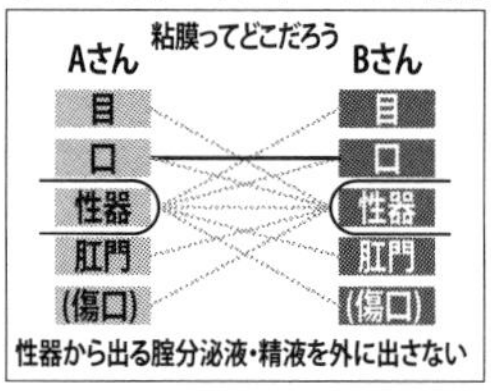

1－③ 性感染症の予防法

なぜ、性感染症は広がるのでしょう

症状が出ないから、気づかないんじゃない？

▶〔S - 06〕人から人へ

そうだね、症状が出ていない潜伏期間中にうつることもある。性感染症は人から人へと広がっていくよね。今付き合っているパートナーはひょっとしたら前のパートナーから感染しているかもしれない。自分は大丈夫だと思い込んでいる人がほとんどです。

治ったと思っていたらちゃんと治っていなくて、パートナー同士で感染を繰り返しちゃうことを「ピンポン感染」って言うんだよ。そして何より性感染症の予防法を知らない人が多いというのも大きな原因なんだよ。でも、性感染症は予防できるんだよ。一番確実な予防は何だと思う？

コンドーム

？？？

一番確実なのは性的接触をしないことです

そりゃそうだ

そして、性的接触をするなら必ずコンドームをつけることです

▶〔S - 07・08〕コンドーム、コンドームの有効性

「コンドーム」はラテックス（天然ゴム）製とポリウレタン製、イソプレンラバー製のものがあって、これは男性用。勃起した性器につけるものです。ディスカウントストアやコンビニでも売っています。ゴムアレルギーがある人はラテックス製を避けましょう。女性用もありますが今はなかなか買えない状況です。性器から出る精液や膣分泌液がパートナーの粘膜に触れないようにするために性器にコンドームをつけます。でも正しく使うことが大切です。保健所から来た性感染症のパンフレットも後で配布します。コンドームの正しいつけ方についても書いてあるので見ておいてください

〔S - 09〕コンドームの着用率

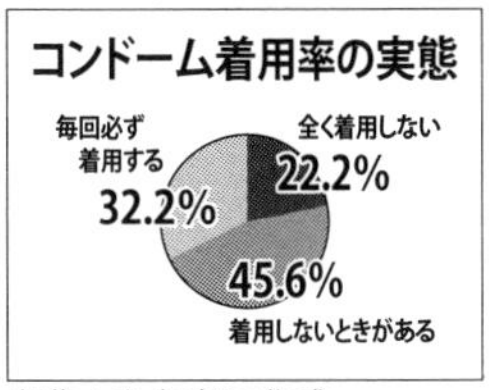

出典 4 を参考に作成

コンドームを着けることは自分を守る、パートナーを守るためには当然のことだよ。でも、着け方を理解するだけでなく、お互いが性感染症のこと、予防法のことを話し合える関係をつくっていくことが大切なんだよ。
もし、パートナーがつけたくないと言ったらどうする？

ありえない

コンドームつけないと危険だよ。
性感染症になるよって教える

私のこと考えてないじゃん。別れるよ

パートナーに自分は性感染症なんかにかかっていない。信じられないの？って言われたら？

そんなのわかんないじゃん

そんな人としたくない

私も感染しているかもしれないよって言う

検査したの？って聞く

赤ちゃんができちゃうって言えばいい

そうだね。意図しない妊娠につながる可能性もあるよね。感染症のことを知っているのも大切だし、2 人が対等に性について話し合える関係かどうかも重要だね

▶〔S - 09〕コンドームの着用率

性感染症予防にはコンドームはとても有効なのだけど、日本は残念ながらコンドームの着用率が低くなっていると言われています。これはあるコンドーム会社のアンケート結果です。きちんと着用している人は32%しかいません

少ないね

みんなはコンドームにどんなイメージをもっている？

いやらしい

エッチなもの

買いにくいよね

お店の人に、今からHなことするんだと思われそう

そうですね。どうも手に取ることが恥ずかしいというイメージがあるようですね。
でも、コンドームは性感染症にならないために必要だよね

考えてみよう、話し合ってみよう

自分たちのからだ、健康を守ることができるコンドームを使う率を上げるためにはどうしたらよいでしょう。「個人レベルでは、社会レベルでは」と両方考えてみましょう。一人ひとり考えた後、グループで話し合いましょう

楽しい歌を作って、エッチなイメージを変える

無料で若者に配る

かわいいキャラクターのパッケージにして買いやすくする

からだを守るため、大切なことだっていうことがわかってもらう性教育をちゃんとやる

自動販売機を増やす

ポスターで宣伝したり、有名なアイドルが YouTube で発信する

〔S－10〕日本のポスター

出典 5 から引用

〔S－11〕コンドマニア

▶〔S－10〕日本のポスター

毎年 12 月 1 日の世界エイズデーに合わせて、HIV/エイズの予防・啓発のためのポスターコンクールが開かれています。コンドームをモチーフにしたポスターも選ばれているんだよ。多くの人にコンドームの大切さを知ってもらうために、今皆さんが出してくれた意見を厚労省に伝えるのもいいですね

ドイツでは HIV/ エイズ予防啓発のためのポスターコンクールで優勝したコンドームを推奨するポスターが駅や道路など、町のあちこちに貼られているそうです。日常的に当たり前のようにコンドームをつけることが大切ということで、野菜にコンドームをかぶせるポスターもあるんだよ。(「Gemüsekampagne」という 2006 年のキャンペーンポスターがあります。)

▶〔S－11〕コンドマニア

原宿などには「コンドマニア」というお店があり、いろいろな種類のコンドームを売っています。売るだけでなく、性感染症についての情報なども提供して、コンドームの大切さを啓発しています。明るい雰囲気があり、かわいいキャラクターなどが店頭に並んでいるので、選ぶ楽しさもあります。コンドームのイメージが変わってくるね

今日は性感染症のことについて学習をしました。次の時間は性感染症の検査と治療について学習します

＊性感染症に関するパンフレットを配布(『性感染症ってどんな病気？』東京都福祉保健局感染症対策部、2021)

ここでのポイント

コンドームの着け方についてはパンフレットに載っています。
生徒たちにわかりやすく、実際に模型などを使って実施するのが望ましいです。

＊ 1 時間目終了

授業の流れ　2時間目

2－① 感染の可能性

＊○ × カードを配布する

今日も○ × クイズを行います。○ × のカードを渡しますので、正しいと思えば○、間違っていると思えば × をあげてください

クイズ 1　性的接触をする際、コンドームをすれば絶対に性感染症にならない

コンドームは安全ってやったよ

失敗しなければ大丈夫

正解は × です。コンドームの予防率は 100％ではありません。性感染症を 100％予防する方法は性的接触をしないこと。もし性的接触をする際は自分とパートナーを守るためにコンドームをすることが大切だという学習をしました。でも正しくコンドームの着用ができていなかったり、何かの拍子に途中で外れちゃったり、破れちゃったりすることもあるし、皮膚と皮膚の接触だけで感染することもあります

なんでー　意味ないじゃん

リスクは下げられます。でも性感染症に感染してしまう可能性もあります。だって、みんなインフルエンザや新型コロナウイルス感染症も一生懸命手洗いしたり、マスクしたりして予防しているけど、それでもかかってしまう場合もあるでしょ

そっかあ

だから、性感染症は性的接触をする人なら誰でもかかってしまう可能性がある病気なんだよ

〔S－12〕アンケート結果

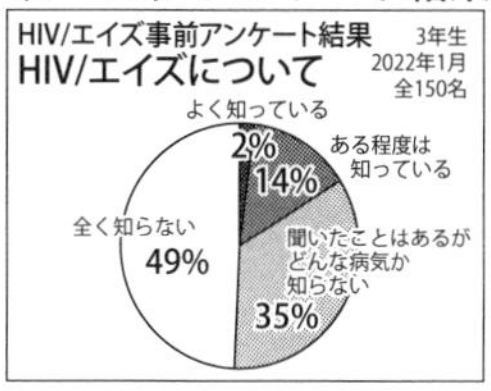

〔S－13〕HIVとエイズの違い

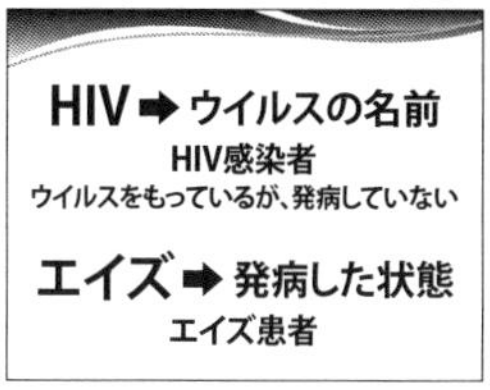

HIV ➡ ウイルスの名前
HIV感染者
ウイルスをもっているが、発病していない
エイズ ➡ 発病した状態
エイズ患者

2－② 治療の必要性

風邪などは寝ていると治りますが、性感染症はどうでしょう

クイズ2　性感染症は自然に治すことができる

正解は ×。薬があり、基本的にはほとんどの性感染症は治るけど、治療をせず放置していたら、尿道や子宮、卵管などの炎症を起こし、不妊症の原因にもなることもあります。また、妊娠していたら胎児にも影響があるかもしれない。ほうっておくと、重症化して死に至ることもあるんだよ。性感染症の検査や治療が必要な場合、女性は婦人科、男性は泌尿器科に行きます

薬を使っても完全に治らない性感染症があります。それは「HIV/ エイズ」です。HIV とかエイズって聞いたことある？ 違いってわかる？

知らない

昔の病気でしょ

こわい病気でしょ

▶〔S－12・13〕アンケート結果、HIV とエイズの違い

アンケートを見ると、多くの人が「知らない」と答えていました。では、性感染症の流れを HIV/ エイズを例にしながら説明するね。
「HIV」はウイルスの名前、「エイズ」は発病した状態を言います。HIV は、人の免疫を不全にする、うまく機能しなくさせるウイルスのことを指します。エイズは後天性免疫不全症候群と言って、生まれた後に HIV（ウイルス）に感染したために免疫がうまく機能しなくていろいろな病気を発症する病気のことを言います

〔S－14〕エイズ発症まで

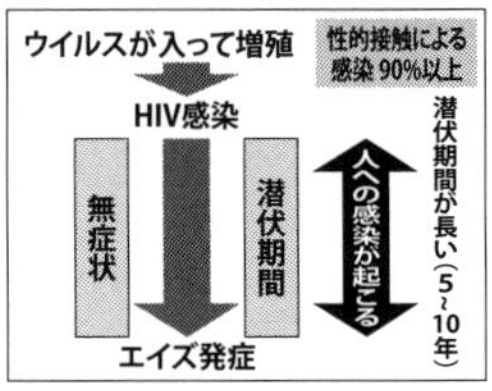

HIV 感染は性的接触によるものが約 9 割です。母子感染や、注射の回し打ちによって感染する場合もあります。母子感染は薬があり、感染率は 0.5％まで下げることができます。血液を介してだけど、例えば、ピアスをするために耳に穴をあける針など、人が使ったものを借りるのは危険だよ。貸し借りすると血液感染のリスクがあるから絶対に貸し借りしてはいけません。血液を介しての感染症はＢ型肝炎などいろいろな病気があります。みんなは、予防接種や献血の針はどうしているか知ってる？

使い捨て

そう、全部使い捨てなんだよ。また、けがをした時は他者の血液を直接触らず、手袋をすること。これは自分を守るためでもあるけど、傷病者に感染させないためでもあるんだよ。小さなケガだったら、自分で処理できるといいね。だから、学校や職場などでうつる可能性はないよね

▶〔S－14〕エイズ発症まで

HIV 感染は、他の感染症を同じように潜伏期間があり、その間は無症状です。HIV 感染症の潜伏期間は個人差があり、10 年以上発症しないこともあります。免疫が低下するので、感染初期には高熱が出たり下痢をしたりと、様々な症状が出ることがあります。感染率は 1％と低いですが、潜伏期間中に人にうつしてしまうことがあります。また、他の性感染症に感染していると HIV に感染しやすくなることがわかっています。その逆も同様です。そして、潜伏期間が終わって症状が出て発病することを「エイズ」と言います。重篤化した状態です

潜伏期間、長すぎ！

そう。だから発症するまで感染に気づかないこともあるんだよ。他の性感染症と同じように、予防法としては性的接触をしない、性的接触の際コンドームを使用することが大切です

〔S－15〕医療の進歩

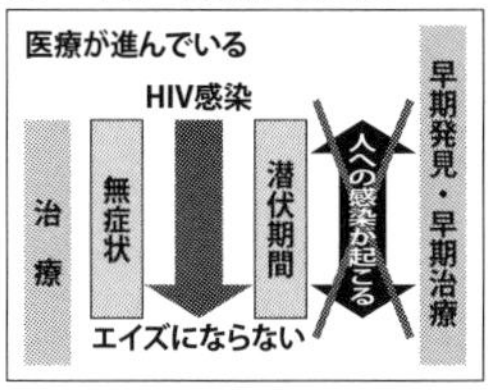

最近では感染予防のための薬も開発されているけど、日本では保険適用外なので、ちょっと高額です。
では、次のクイズです

クイズ3　HIVに感染した人は治療をすれば、エイズを発症しない

▶〔S－15〕医療の進歩

正解は〇。完全に治す薬はありませんが、医療が進歩し、発症しないようにする薬があります。ですから、早期に感染を発見すれば、毎日薬を飲みながら通常の生活をすることができます。また、他者にうつす可能性をなくすまで体内のHIV（ウイルス）の量を抑えることができるようにもなりました。また、母子感染も、妊娠初期にわかって適切な対応をすれば、ほとんど避けることができます

▶〔S－16〕HIV/エイズ報告数

これは日本の新規感染者数のグラフです。全体的には減少しているのですが、感染者の3分の1の人が重症化して、エイズを発症してから気づく人が多いのが実態です

〔S－16〕HIV/エイズ報告数

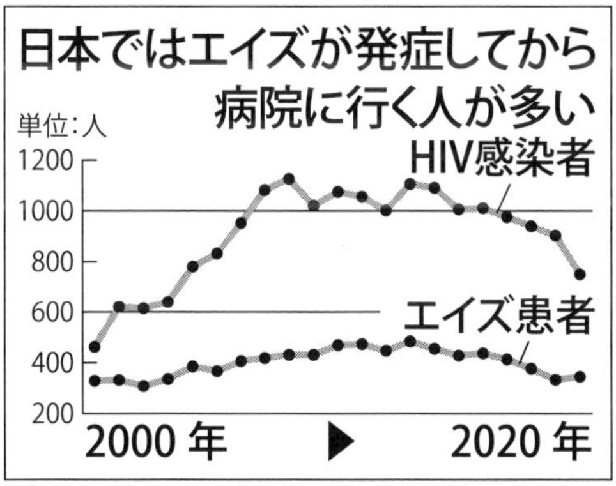

出典6を参考に作成

2－③ 検査や相談機関

早く、感染に気づけるといいね。じゃあ、どうしたらいい？

検査する

そうだね。検査をして早く治療することが大切だね。自覚することで自分も早く治療を受け、パートナーを守ることができるよね

パートナーを守るために検査をすることは性感染症を広げないための方法でもあるよね。検査はとても重要な予防方法でもあるよ

クイズ 4　HIV 感染症の検査は無料で受けられる

聞いたことあるよ

＊保健所マップを配布する（「保健所マップ」東京都福祉保健局、2022）

正解は〇です。保健所など行政で行われる HIV 検査は全国無料です。他の性感染症の検査も無料で受けられる自治体がたくさんあります。パンフレット（保健所マップ）を見てみましょう。感染して 4 週間後に血液中で HIV に対する抗体が検出されます。他の性感染症も同じで、抗体ができるまで、一定の期間が必要です。だから、心配な性的接触があってもすぐにはわからないんだよ。HIV の場合は感染の可能性があった日から 3 か月経過した後に、梅毒の場合は 1 か月後、その他の性感染症もそれぞれに異なるのでパンフレットを見てね

検査をするためにはまず予約をして保健所に行きます。そして採血をします。1～2週間後に結果。即日のものもあります。また、匿名で受けられ、郵送による検査もあります。陽性の場合は医療機関につないでくれ、いろいろな相談に乗ってくれます。近くの保健所がいやだったら、他のところに行くこともできるんだよ

匿名っていうのがいいね

郵送でいいなら受けやすいかも

考えてみよう、話し合ってみよう

治療をするためには検査が必要です。しかし、残念ながら日本人は検査をする人が少なく、エイズが発症したときに（重症化してから）感染に気づく人が多いんだよ。どうしたら検査に来てくれるのか、厚労省は一生懸命考えています。検査を受けることでどんないいことがあるか、みんなで出し合ってみましょう。あなた自身は？ パートナーは？ 長い将来のことを見据えながら考え、グループで出たことをミニホワイトボードに書き、前の黒板に貼ってください

蔓延しない。大切な人にうつさなくてすむ

すぐ治療ができる。ハッピーな人生が送れる

予防ができ、パートナーを守れる

もし感染してたらショックだけど、自覚して治療すれば、安心して性的接触できる

発病しなくてすむ。長生きできる

赤ちゃんがほしい時、安心できる

そうだね。いいこと、たくさんあるよね。心配だったらみんなは検査に行くよね

微妙…。検査も受けにくいよなあ

性感染症ってなんか行きにくい

エッチしたって思われるのが恥ずかしい

検査するよさはわかっていても、まだまだ検査へのハードルは高そうだね。性をポジティブにとらえていけると変わるかもね

1年に1回、検査するって決めればいい

すごくいいアイデアだね。人間ドックのように当たり前にできるといいね。女性は妊娠した時の検査で気づくことが多いそうです

赤ちゃんのためにももっと早くわかるといいよね

何よりも心配なこと、困ったことがあったら相談することが大切です。誰に相談できるかな？

親

友だち

相談できないよ

私や保健室の先生でもいいし、卒業しても中学の先生に相談してもいいんだよ。配布した保健所マップにも電話相談やSNSによる相談窓口が書いてあるからね

〔S - 17〕レッドリボン

出典 7 から引用

紹介した WEB サイト（→ p.224 参照）

・性を学ぶセクソロジー
・紳也's ホームページ

2 −④ 性感染症と人権

HIV/ エイズは 1980 年代ごろから世界に蔓延しました。新型コロナウイルスが最初に蔓延した時のように原因や治療法がわからずパニック状態があり、触るだけでも感染するのではないかと思う人もたくさんいました。感染した人は学校や職場などでも迫害を受けてきました。しかし、HIV/ エイズの知識が広がったことで世の中の人たちは感染者に対する偏見や差別がなくなることを知りました

▶〔S - 17〕レッドリボン

そこで出てきたのはこのレッドリボンです。知ってる？

知らない

見たことある

「私は HIV 感染者やエイズ患者に対する偏見・差別に反対です」という証です

コロナの差別をなくそうとシトラスリボンを作った

12 月 1 日は世界エイズデーです。みんなで感染者に対する差別の問題、そして自分自身とパートナーを守るために知識を得ることの大切さをみんなで意識し合う日です。世界中で様々なイベントが開催されています。この HIV/ エイズの問題を通して、病気に対する偏見や差別を考えて、人権を大切にできる社会をつくれるといいね

＊レッドリボンを配布する（作り方は〔資料 9〕p.166 参照）

性についての正確な知識と情報を習得することは安全な性行動につながってきます。これからもしっかり性について一緒に学習しましょう。性感染症についてもっと知りたい人は SEXOLOGY や紳也's ホームページなどで調べてみてね。2 回にわたる性感染症の授業でした。感想、質問を書いてください

この実践から見えてきたこと

感染リスクを自分事として考える

一方的に伝える授業でなく、クイズを取り入れたり、話し合い活動をすることで自分事としてとらえることが期待されます。多様な性的接触（性器性交、口腔性交、肛門性交など）による感染を明らかにするために、粘膜同士の接触をわかりやすく説明するようにしています。

HIV/ エイズを知らない生徒たち

HIV/ エイズについては小学校で詳しく学習していないため、アンケートをとると、多くの生徒が「知らない」と答えました。HIV/ エイズに対する差別問題、またそれに対する取り組みをしてきた歴史を紐解くことで、他の病気への差別問題などを考えるきっかけとなります。併せて、科学的に性感染症を学ぶことは人権問題と向き合うことに深くつながります。

より良い授業をつくるために

性感染症の内容については、教員が「一方的に伝える」部分がまだまだ多く、授業を通して生徒たちとともに何を発見していくのかは今後の課題です。「検査」や「相談」のハードルの高さが大きな課題なため、性をポジティブなイメージとしてとらえること、誰もが感染する可能性があることを自分事として認識することを目指した授業づくりが必要となります。

まだ中学生は具体的な性的接触のイメージがもてない生徒が多いため、まずはコンドームの大切さを理解するためのワークとしました。生徒たちの現状に合わせて、どのようなワークをするかを考えていく必要があります。もっと深められるならば、①コンドームをしないのはなぜか、②それに対する対処法を考えるワークができることが望ましいです。

今回のコンドームの有効性をアピールするワークにより、コンドームに対するイメージが変容し、「大切なもの」と認識することができるようになりました。しかし、着用を実施するためには相手との対等な関係性が必要です。授業では短い時間でやり取りをしてきましたが、さらに時間をとって相手との関係について考えさせることが大切です。そして、スキルを獲得するために、コンドームの装着方法を具体的に示すこと、「相談」の仕方（模擬体験）なども取り入れていくことも考えていく必要があります。

『ガイダンス』の視点からの課題

主に関連するキーコンセプト

8「性と生殖に関する健康」
2「価値観、人権、文化、セクシュアリティ」

『ガイダンス』では性感染症は、その種類や感染経路、感染を低くする方法（セーファーセックスを実現するためのコミュニケーション、交渉、拒絶のスキルや曝露前／後予防内服など）、予防、治療や管理、様々なサポートやサービスといった内容を含みます。

本授業でもこれらを可能な限り網羅していますが、教え込みにならないように工夫が必要です。『ガイダンス』p.157 にあるようなセーファーセックスのための交渉のためのスキルを身につけるような内容が本書の p.153 となりますが、「より良い授業をつくるために」にも書かれているように、知識があっても関係性の中でそれが活かされにくいというところをもう少し丁寧に議論できるといいかもしれません。また、『ガイダンス』の同ページにあるコンドームの使用手順は、本授業では保健所のパンフレットや映像を提示しながら、販売場所や付け方を説明しています。また、2 時間目には検査の手続きや治療方法を具体的に示す内容となっています。ここにもパートナーとの関係性や仲間からのプレッシャーなどが関わってきますので、知っていてもアクセスしづらいというジレンマが生じやすい現実があります。ここでもそれをどう乗り越えられるかを話し合う時間がもう少し必要かもしれません。

最後に世界の動向として、HIV/ エイズに関する人権擁護の歴史を学ぶ内容となっています。『ガイダンス』では人権とは何か（人権の意味、自分が行使している権利）、人権と性のつながり（性と関わる権利、脆弱な立場におかれる場合があること）、人権の現状（守られていない現状、国内外の法律やサービス、アクセス）、人権拡大のための取り組み（社会に向けた呼びかけ、人権促進のための行動）といった内容となっています。この時、自分たちもこの社会をつくっている 1 人であるという理解につなげられるような声かけをどのようにすればよいかが悩ましいところです。

（艮 香織）

〔資料 9〕レッドリボンの作り方

レッドリボンの作り方

① 5 ㎜幅の赤い厚手のリボンを、8 ～ 10 ㎝ほどの長さで斜めにカットする。

②くるっとまるめて重なり部分に布用のボンドを付ける。

③裏に両面テープをつける。（衣服や筆箱につけます。）

スライドの出典一覧

1 国立感染症研究所「性器クラミジア感染症の発生動向、2000 年 -2020 年」（2021 年 9 月発表）
2 国立感染症研究所「感染症法に基づく梅毒の届出状況、2019 年」（2021 年 2 月発表）
3 佐藤ちと「異性愛の性感染症の感染経路マップ」「コンドームのセット」（性教育いらすと）
4 オカモト「コンドーム着用率調査」（2019 年 6 月発表）
5 エイズ予防情報ネット（API-Net）「世界エイズデー」キャンペーンポスター（2013、2016 年度）
6 厚生労働省健康局「日本の状況：エイズ動向委員会　令和 2（2020）年エイズ発生動向年報」（2021 年 8 月発表）
7 collect3d「レッドリボンのイメージ」（写真 AC）

ちょこっとエピソード
リボン作りで人権を学ぶ

毎年希望する生徒で放課後、レッドリボン作りをしてもらっています。段々コツをつかみ、流れ作業になることもあります。そんな中で楽しくおしゃべり。
「ねえ､他の色もあるの知ってる？」「ピンク！」「ブルー！」「グリーン！」「シトラス！」「そんなにあるの？」「それ、どんな意味？」いろいろなリボンの色を挙げ、人権について学び合う姿が見られます。

実践９　避妊と人工妊娠中絶〈３学年〉全１時間

ねらい　避妊と人工妊娠中絶についての正しい知識を得る
意図しない妊娠を避け、安全な性行動を選択できる力をつける

◀授業の展開▶

生徒の現状と課題	学習の到達点

① 人間の性の特徴を知る（→ p.168）

• 人間の性交と他の動物の生殖行動の違いについて学習していない。	• 人間の性の特徴を知り、人間の性交が生殖だけを目的としないことを明らかにする。（知識）

② ディスカッションを通して性行動のあり方を考える（→ p.170）

• 高校生になれば、好きなら性交渉をしてもいいと思っている生徒がいる。 • 性的接触がすぐに妊娠に結びつくという認識は弱い。	• 友だちの意見も聞きながら、性的行動の選択について、自分だったらどうするかを実際に考えて表現する。（スキル）

③ 避妊の方法を知る（→ p.172）

• 避妊についての学習経験はないため、知識はほとんどない、または間違った情報を信じている生徒がいる。	• 性交をしないことが意図しない妊娠を防ぐ最も効果的な方法であることを明らかにする。（知識） • 意図しない妊娠を防ぐための効果的な避妊方法を説明する。（知識） • 避妊を確実に実行するためには、関係性が重要であることを認識する。（態度）

④ 人工妊娠中絶について知る（→ p.176）

• 人工妊娠中絶についての学習経験はなく、「中絶＝悪」というイメージが強い。	• 安全な人工妊娠中絶に関する知識（法律、時期、方法など）を説明する。（知識） • 妊娠の可能性があるときの具体的な対応について確認する。（知識）

⑤ 相談をする大切さを理解する（→ p.179）

• 意図しない妊娠が自分たちに起こるかもしれないという認識は弱い。	• 具体的な相談先にアクセスできることの重要性を認識する。（態度） • 具体的な相談先を列挙する。（スキル）

〔S - 01〕放精

授業の流れ

① 人間の性の特徴を知る

教員　　　　　　　　　　生徒たち

生き物はいろいろな工夫をしながら子孫を残しています

▶〔S - 01〕放精

魚は水の中で、メスが卵を産み、オスがそれに精子をかけ（放精）、受精卵となります

▶〔S - 02〕包接

蛙はオスが前肢でメスの腹を抱きかかえ、腹を強く押すことでメスは卵を放出します。オスはその卵にすぐに精子を放出して受精させるのです。これは「包接」と言います

▶〔S - 03〕交尾 1

陸上の多くの生き物は、精子は空気に触れると死んでしまうので、オスがメスのからだに生殖器官を挿入し、メスの体内に精子を届けます。これを「交尾」と言います。カマキリもそうですね。カマキリのオスは交尾をした後、どうなるか知っていますか？

オスはメスに食べられちゃうんだよね

えー !!!

そうだね。よく知ってるね

▶〔S - 04〕交尾 2

哺乳類も、確実に受精に至るために、オスの性器をメスの性器の中に入れて、精子を卵子の近くまで届けます。春になると猫が大きな声で鳴いているのを聞いたことがある？

あるー

〔S－02〕包接

出典１から引用

〔S－03〕交尾１

出典２から引用

〔S－04〕交尾２

出典３から引用

〔S－05〕脳

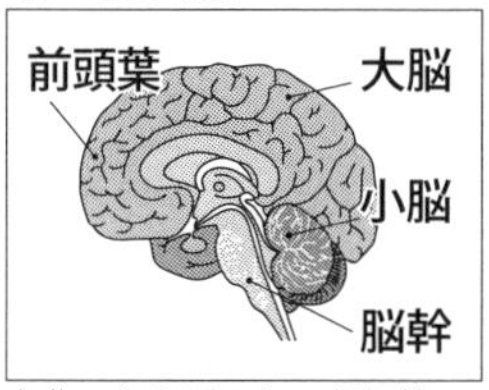

出典４から引用し一部加筆

あれは発情期なんだよ。では、人間には発情期があると思う？

ある！

人間はいつでも発情している

▶〔S－05〕脳

人間は発情期という一定の期間はないんだよ。１年生の保健でやった授業を思い出してください。人間は、大脳、特に前頭葉が発達しています。前頭葉は、「脳の司令塔」とも呼ばれることがあって、自分の行動をコントロールする大切なところなんだよ。
つまり、人間は本能ではなく自分で考えて行動をするということだね。それと人間の場合は「交尾」とは言わないね

性交！

そうだね。それから、人間の性交は生殖のためだけに行うものだと思う？

違うと思う

そうだよね。人間の性交には互いに愛情を確認し合ったり、心地よさを共有したりする「ふれあいの性」という面もあるよね。
でももちろん、他の動物と同じように異性間で性交すれば妊娠する可能性があります

✓ ここでのポイント

生徒たちにはこれまでの学習の積み重ねがあります。そのため、この段階では交尾や性交の話をしても、生徒たちはニヤニヤしたり、ざわついたりすることはほとんどありません。

② ディスカッションを通して性行動のあり方を考える

教員　　　　　　　　　　　　　　　　　　　　　　　　　　　　　生徒たち

これから、代表者に前に出てもらって性行動のあり方についてパネルディスカッションをしてもらいます。

☑ ここでのポイント

この授業は卒業間近に行っているので、「高校生」という設定で話し合っています。代表者は基本的に自分の考えをしっかり言えそうな生徒を選んでいます。その中には必ずしも「優等生」ではない生徒や、思ったことをそのまま言う生徒、恥ずかしさもあって、ふざけた感じで発言する生徒もいますが、結構、真髄をついた意見を出してくれることもあります。教員が司会進行を行い、代表者以外の生徒の意見も聴き取るようにファシリテートしましょう。

考えてみよう、話し合ってみよう

高校生の性行動について聞きます。お付き合いしている２人は性交してもいいと思いますか？ ここでは異性カップルの設定にします

男子：お互いが好きならいいと思う

女子：自分も好きならいいと思います

でも、妊娠するかもよ

男子：コンドームすればいいじゃん

女子：私は、早すぎると思います

いつならいいの？

女子：おとなになってから

おとなっていつ？

女子：ん〜…。18 ？ 20 ？

ここでのポイント

生徒はピアプレッシャーによって、１人目の発言に引っ張られることもあります。教員は生徒の意見を聞いているだけではなく、質問したり、ツッコミを入れながら、生徒たちにより深く考えてもらうようにします。

もし、妊娠したらどうする？

男子：彼女が産むと言えば産むし、おろすと言えば、おろす

女子：え～、無責任、サイテー

男子：産んでもらいます

どうやって育てるの？

責任って？

男子：責任を取ります

男子：高校やめて働く

高校で野球やるって言ってたじゃない

女子：無理だよ。やっぱりおろすしかない

女子：親に助けてもらう

男子：（頭を抱えて）難しい問題だ

ここでのポイント

生徒たちからは「中絶する」という意見や「中絶すると赤ちゃんがかわいそう」といった意見も出てきます。人工妊娠中絶の経験者がいるかもしれないことを想定して、こうした意見をフォローしていくことが必要です。「中絶＝悪」というとらえ方にならないように配慮しています。安全な人工妊娠中絶を受けることは、女性の健康と権利を守るために法律で認められていること、そして、中絶をせざるを得ない状況もあることを伝えることが大切です。異性間で性交すると妊娠の可能性があることを自分事として、リアルに考えるこの機会は、次の避妊や中絶の学習を真剣に受けとめることにつながります。

本当に悩んじゃうよね。こういった意図しない妊娠を防ぐために避妊と人工妊娠中絶についてちゃんと知っておくことって必要だよね

③ 避妊の方法を知る

教員　　　　生徒たち

まず、絶対に妊娠しないためにはどうしたらよいか、知っていますか？

避妊　　コンドーム

もっと確実な方法です

やらない

そう、セックスをしないことです

そりゃそうだ

性感染症でもやった

お付き合い＝セックスをすることだと思っている人がいるんじゃない？ どう？

えー、それ引く…

＊〔資料 10〕を配布する（p.184–185 参照）

みんなの**アンケート**の結果を配布します。**アンケート 3** を見てください。キスを断ったら、相手に嫌われるか心配、キスやセックスを断られたら自分のことが好きではないと思っている人がいるけど、どう？

からだ目的？ って感じもある

何か、やだな　　好きでも断るときあるよ

好きだけで、セックスするのは危険かも　　嫌われたくない気持ちもわかる

〔S - 06〕コンドーム

出典 5 から引用

キスやセックスをする、しないはだれが決めるの？

自分

相手も

そうだね。相手がいるのですから、「同意」が必要。そういうのを「性的同意」って言うんだよ。自分の意見を言える、相手の意見を聞ける関係づくりって大切だね。このことについては次の「恋愛とデート DV」の授業で考えましょう。
さっきみんなにディスカッションをしてもらったけど、みんなの**アンケート 3** を見ると、中高生がセックスをしてもいいと思っている人は結構いますね。さっきのパネルディスカッションを聞いてどうだったかな？

＊〔資料 10〕のアンケート結果 1 を確認する（p.184 参照）

次に避妊について説明します。**アンケート 1** を見てください。避妊の方法についての回答結果を見ると間違いもたくさんあります。確認しながら学習していきましょう

▶〔S - 06〕コンドーム

「①コンドームをつける」が避妊の方法だとわかっている人は 95%いましたね。ペニスが勃起したときにつける天然ゴム製やポリウレタン製などのもので、精子が膣や子宮に入ることを防ぎます。コンドームはディスカウントストアやコンビニでも売っています。値段も手ごろで手に入りやすいです

ドンキ

また、コンドームの装着方法は練習する必要があります。コンドームは破れることもあります。また装着するタイミングも重要です。勃起している段階から精液は少しずつ出ていますから、女性の性器に入れる前、ペニスが勃起したらすぐに装着する必要があります。なので、射精をする直前に女性器からペニスを抜く行為である「③膣外射精をする」は避妊方法にはなりません

〔S－07〕低用量ピル

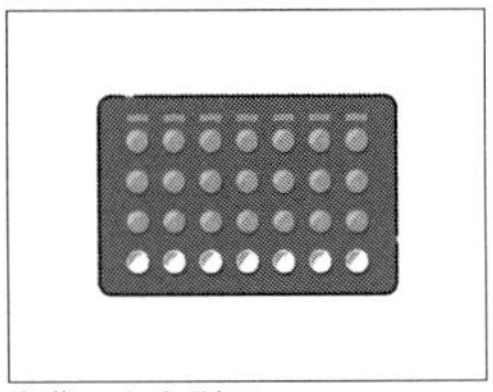

出典 5 から引用

２枚つければ確実なのかな

２枚つけるとゴムどうしの摩擦で破れやすくなり、危険ですよ

コンドームは男性だけ？

女性用もありますが、男性用コンドームのように手軽に安く手に入れることができません

▶〔S－07〕低用量ピル

避妊がより確実なのは「低用量ピル」です。**アンケート１**の結果を見るとみんなあまり知らないみたいだね。世界ではよく使われている避妊法です。この薬は病院で処方してもらいます。毎日忘れずに服用することが必要ですが、女性が主体的に避妊を実行できる確実な方法です。飲み始めたらすぐにセックスしても大丈夫というわけではありません。それに性感染症の予防はできません。ですから、ピルとコンドームを併用することが大切です。また、「安全日」というものはありません。なので、「④安全日を選ぶ」「⑤月経中を選ぶ」のどちらも避妊方法ではありません。
妊娠したくないのにパートナーと避妊の話ができないのであれば、性交渉をするべきではありません。また、相手が妊娠をのぞまないのに避妊をしない、避妊を拒否することは「性暴力」です

相手と避妊の話をするの…

そうだよ。こうした勉強をしたみんなら話し合えるんじゃない？ 意図しない妊娠を避けるためには、まずは性交はしないこと。そして、正しくしっかり避妊することが大切です。最近では、子宮内に挿入する避妊具なども、世界では広まっています。後で資料も配りますから、自分たちでも調べてみてください

〔S－08〕緊急避妊薬

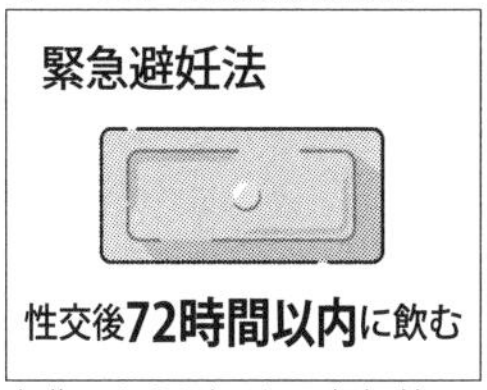

出典5から引用し一部加筆

▶〔S－08〕緊急避妊薬

また、避妊に失敗したときに、「緊急避妊薬」があります。妊娠の可能性のある性交から72時間以内に服用することによって、妊娠を避けることが可能になります。婦人科で処方してもらいます。妊娠を回避する可能性は高まりますが、100%ではありません

そんなのがあるんだ

ここでのポイント

厚生労働省では、緊急避妊薬を医師の処方箋なしで薬局販売（一般医薬品＝OTC化）することについて議論をしています。こうした動向にも注視しましょう。

＊〔資料11〕を配布する（p.186－187参照）

避妊と性感染症予防についてまとめた資料を配布します。後でしっかり読んでおいてください。もし避妊に失敗してしまったときに頼れる相談先や正しい知識を得られるサイトも載せておきましたので、アクセスしてみてくださいね

ちょこっとエピソード

友人として、伝えたいことがある。

放課後の教室の片隅、授業後の男子生徒同士のある会話。

「お前、彼女と付き合ってるけど、結局自分の思うままセックスまでいっちゃうパターンだよな。それって危険だぞ。もっと先のこと考えて行動しなきゃ、駄目だよ」

説得された生徒は「そうだよなあ」とうなずいていた。

〔S－09〕人工妊娠中絶件数

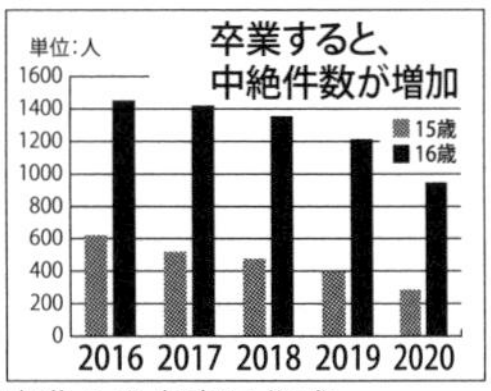

出典6を参考に作成

④ 人工妊娠中絶について知る

教員　　　　　　生徒たち

妊娠をした場合は、産むか、「人工妊娠中絶」という方法で妊娠を中断するか、どちらかを選びます

はじめに人工妊娠中絶の実態を確認します。日本の人工妊娠中絶数は2020年の調査結果では14万件をこえています。10代も含めて全体的には減少していますが、20歳未満の中絶件数は約1万件です

▶〔S－09〕人工妊娠中絶件数

15歳と16歳の中絶件数を比べてみると、2020年は284件から947件と3倍以上になっています。中学卒業後に一気に件数が跳ね上がることがわかります

そんなに増えるんだー

＊〔資料10〕のアンケート結果2を確認する（p.184参照）

だから、中学3年生の皆さんにはしっかり人工妊娠中絶のことも勉強をしてほしいんだよね。もしかしたら、友だちから相談されることもあるかもしれないよ。皆さんの**アンケート2**を見ながら、中絶の方法を説明していきます。
まず、①について中絶するための飲み薬はあります。世界では多くの国と地域ですでに使われていますが、日本ではまだ承認されていません（2021年12月に承認申請がされました）。②については日本では手術によって中絶をします。人工妊娠中絶は「母体保護法」という法律に則って認められています。この法律は私たちの健康と権利を守るためのものでもあります

法律があるんだ

〔資料 12〕妊娠周数と中絶可能な時期

月数	1か月				2か月				3か月				4か月				5か月				6か月				7か月				8か月				9か月				10か月				
週数	0	1	2	3	4	5	6	7	8	9	10	⑪	12	13	14	15	16	17	18	19	20	㉑	22	23	24	25	26	27	28	29	30	31	32	33	34	35	36	37	38	39	40
	← 初期人工妊娠中絶 →												← 中期人工妊娠中絶 →										← 人工妊娠中絶ができない →																		

↑最終月経の初日を０週０日とする

③について人工妊娠中絶ができる期間と、できなくなる期間があることも、**アンケート**を見るとみんな知らないよね

＊〔資料 12〕を配布する（上記参照）

「母体保護法」という法律で手術ができる期間が決まっていて、妊娠 11 週目が終わるまでが初期人工妊娠中絶で、からだへの影響も軽減できます。妊娠 12 週から 21 週目が終わるまでが中期人工妊娠中絶と言って、出産と同じ方法をとります。妊娠 22 週目以降は人工妊娠中絶することができません。つまり産むことになります。それぞれの期間を 1 日でも過ぎたら、対応が変わります

時期によって違いがあるんだ

11 週までは手術での中絶ができますが、それ以降、21 週までは出産と同じ方法になり、死産届も出す必要が出てきます

中絶をしたら、赤ちゃんが産めなくなるって聞いたことがある

法律によって安全な人工妊娠中絶を受けることができますから、中絶することで必ずしも妊娠できなくなることはありませんが、何回も繰り返し行うことはからだに負担がかかります。21 週まで中期中絶はできますが、できるだけ初期中絶の方がよいです

初期中絶と中期中絶があるって知らなかった

そうだよね。「11 週」と「21 週」に赤丸を付けて

12 週とかどういう意味？

どこから数えればいいの？

妊娠の週数はおとなでも数えるのが難しいんだよ。妊娠の可能性のある性交をした日から数えるんじゃないんだよ。最後に来た月経の初日から「0週」として数えます。難しいね

性交の日からじゃないんだ…

性交渉をしてから次の予定の月経が来なければ妊娠を疑ってください。市販の妊娠検査薬を使って、尿で確かめることもできます。妊娠の印が出たら産婦人科に行きましょう

予定の月経が2回来なかったら、妊娠8週になっています。初期中絶を選択するためには、2、3週間の間に判断しなければなりません。診断が遅くなれば考える時間はもっと短くなるよね

そんな短期間に決めなきゃいけないんだ

迷ってる時間がないね

そうだね。実際、10代では中期中絶が多い状況です。なぜだと思う？

気づかない

悩むから

⑤ 相談をする大切さを理解する

教員　　　　　　　　　　　　　　　　　　　　　　　　　　　　　　　生徒たち

そうだよね。さっきのディスカッションでみんなも悩んだよね。だからこそ避妊の知識はみんなには必要なんだよ。では、この記事を見てください

河川敷で乳児の遺体遺棄

2019 年 6 月 27 日、東京都足立区千住曙町の荒川河川敷で、生後間もない乳児の遺体が発見された。遺体は男児で、草むらの上に裸、へその緒がついたままで放置されていた。

死体遺棄容疑で東京都内に住む乳児の母親（17）と友人（17）が逮捕された。母親は援助交際で妊娠したと話しており、遺棄の前日の深夜に自宅で出産した。出産時に乳児が生きていたかはわからないという。出産後、どうしていいかわからず、友人に相談したところ、赤ちゃんを捨てることにしたという。調べに対して、2 人とも「赤ちゃんの死体を捨てたことに、間違いない」と容疑を認めている。引き続き詳しい経緯について捜査している。

参考：「乳児遺棄容疑で１７歳２少女逮捕 荒川の河川敷」（東京新聞、2019 年 8 月 26 日）
https://www.tokyo-np.co.jp/article/19684

どうして、こういうことが起こったんだと思う？

避妊や中絶の知識がなかった

そうだね。性の知識を得ることはとっても大事だよね。
それにこれは女子高生だけのせいでしょうか

相手の男がいるはずなのに出てこない

友だちには相談したみたいだけど…

この授業を受ければ違っていたかも

私は教えてこなかったおとなも責任を感じなければいけないと思うし、彼女たちの周りに相談できるおとながいなかったことも残念に思います

あなたたちも、友だちから相談されることがあるかもしれないよね。今日学んだあなたたちだったら、いいアドバイスをしてあげられるね。
また、出産して育てられない場合、特別養子縁組など、いろいろなケアや制度があるんだよ

✓ ここでのポイント

中絶を、なかなか自分事として考えることができない生徒たちもいますが「相談されるかもしれない」ことを認識するとより真剣に授業に参加するようになります。

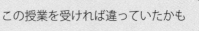

ディスカッションの中で「責任」という言葉が出てきました。自分たちだけで解決しようとすることが「責任」ではありません。相談できることも成長の「証」であり、「力」です。友だちだけでなく、サポートしてくれるおとなはまわりにいるかな？

親はちょっとなあ…

でも最終的には親だと思う

保健室の先生とか

中学校に相談にきてもいいかなあ

誰に相談できそうか、考えておくことは大切だよね。卒業しても、私たちに相談しに来てくれてもいいし、保健所や１年生の時に紹介した産婦人科などの専門的な機関もあるよ。インターネットでも専門的な相談先があるよ。安心安全な行動をとるためにも、卒業してからも性についてしっかり学び、考えて行動できる人になってください

ちょこっとエピソード
「童貞、最強！」と書いた生徒の一言

いつも授業中は居眠りしてばかりしているある男子生徒。普段の授業は黒板の文字もほとんど書かない。テストもいつも白紙。しかし、性の学習の時はいつも起きている。この授業のディスカッションにも意欲的に参加し、「好きならしてもいいじゃん、ゴムすりゃいいじゃん」。それに対して友達からは「お前、軽すぎ。よく考えろよ」と言われる。

そして、授業後の感想には「童貞、最強！」と大きい文字で一言書いた。友達からのピアプレッシャーはすごいなと改めて感じた。

そんな彼が卒業してから久しぶりに私のところへ来てこうぼやいた。「高校は駄目だ。禁煙教育ばっかりだ。どうして性教育しないのかなあ。先生、やれって言ってくれよ」

この実践から見えてきたこと

避妊と中絶をどう自分事にするか

高校生の性行動について考えるパネルディスカッションでは活発に意見を出し合い、「難しい問題だ」と頭を抱える様子が見られました。避妊と中絶の知識をただ並べるのでなく、このディスカッションをすることで、自分事としてリアルに考える機会になります。結論を出すことが難しい問題だと生徒が認識することで、具体的な避妊と中絶について学んでいく重要性が実感できるのです。また、生徒同士が互いに考え合い、意見を出し合うことで自らの性行動のあり方を考える大きなきっかけとなっています。教員が単に解説するよりもはるかに大きな影響が期待できると感じています。

毎年とっている授業後のアンケートを見ると、「高校生になれば性交渉をしてもよいと思う」と回答した生徒のポイントが授業前のものよりも下がる結果が出ます。これは異性間での性交の結果として妊娠の可能性があることについて具体的に想像すること、そして、意図しない妊娠を避ける方法を学ぶことで自分たちの性行動を慎重にさせていくのではないでしょうか。

生徒たちが考える性教育の必要性

本書の「はじめに」にも書きましたが、この実践はある都議会議員に攻撃されました。しかし、生徒たちに「この授業は必要か」とアンケートで問うと、「生きていく中で必要な知識だから」「知識を身につければ、安心できるから」「自分が当事者になってしまう時、必要だと思うから」という理由とともに、95%の生徒が「必要である」と回答してくれました。生徒たちがこの授業を高く評価してくれたことで、自信をもって実践に取り組み続けることができました。

より良い授業をつくるために

困ったときにどこにアクセスすればよいのか、安心できる多くの情報を伝えていきましょう。

また、人工妊娠中絶＝悪というイメージをもつ生徒たちも少なくありません。その結果、産む選択を口にする生徒が、ここ数年増えているように感じます。

一方で、人工妊娠中絶を経験している、あるいは今後する生徒たちがいることも前提に、安全な人工妊娠中絶を受けることは権利であることの理解も重要です。自分の権利としてリプロダクティブ・ヘルス / ライツを理解するためには、知識や情報をもとにしたより一層の生徒同士の意見交流が大切になってきます。

『ガイダンス』の視点からの課題

主に関連するキーコンセプト

8「性と生殖に関する健康」
5「健康とウェルビーイング（幸福）のためのスキル」

『ガイダンス』では、「現代的な避妊法は避妊や妊娠の計画を助ける」ということが、小学校の学習課題としてあげられています。妊娠を学ぶ中で自然な流れとして、妊娠をコントロールする方法としてあるのです。また、避妊方法の選択や使用の決定に「ジェンダー役割や仲間の規範」が影響を及ぼすということも 9 ～ 12 歳の学習課題となっています。さらに、中学生段階では、様々な避妊法について、その成功率や副効用・副反応を含めて詳しく知ること、それらの避妊具・避妊方法にアクセスすることの困難性とともに「避妊具の情報源や供給源にアクセスするさまざまな方法を実際にやってみる」ということが課題とされています。

本授業では、異性間での性交の結果、「意図しない妊娠」が起こることを想像するところから出発しています。多くの中学生にとっては、授業の中のパネルディスカッションがリアリティをもって考える初めての機会になっています。その時にどうするのかを具体的に考える時にも、なぜその選択をするのかといった教員からの問いかけによって、周囲との関係や、どうやって助けを求めたらいいのかについてもイメージすることになります。こうした経験は、子どもたちのこれからの性的な行動選択にも大きな影響を及ぼします。『ガイダンス』の中でも科学的根拠として示されているように、性の学びは子どもたちの性的行動を慎重にさせるということです。

人工妊娠中絶については、「性と生殖に関する健康」のところでも触れられていますが、特にキーコンセプト 5「健康とウェルビーイング（幸福）のためのスキル」では、それが安全に行われなければならないこと、中絶に伴うカウンセリングや教育の重要性が強調されています。本授業でも、「性交をしないことが意図しない妊娠を防ぐ最も効果的な方法であること」を強調しますが、それでも起こるかもしれない意図しない妊娠に、様々な選択や支援があることを知っておくことは、子どもたちのウェルビーイング（幸福）の実現において必須です。

（田代美江子）

スライドの出典一覧

1 よしかっぱ「アマガエルの交尾　田んぼの中」（写真 AC）
2 nannzi「カマキリの交尾」（写真 AC）
3 a********************m「ウサギの交尾 2」（写真 AC）
4 ミツキ「脳のイラスト」（イラスト AC）
5 佐藤ちと「コンドームのセット」「低用量ピル」「緊急避妊薬」（性教育いらすと）
6 厚生労働省「令和元年度衛生行政報告例の概況　母体保護関係」（2021 年 2 月発表）

〔資料 10〕避妊と人工妊娠中絶について学ぶ事前アンケート結果

1．妊娠を避ける（避妊）方法について、「正しい」「正しくない」「わからない」のいずれかに○をつけてください。

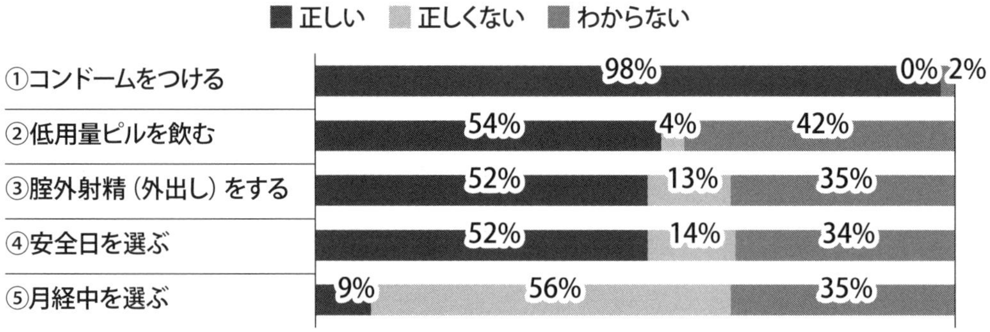

① **「正しい」が正解**。ただし、正しく使用しても、コンドームが外れたりやぶれたりすることがあるため、約15%の妊娠の可能性がある。性感染症予防の効果が高い。

② **「正しい」が正解**。病院で処方してもらう必要がある。正しく飲めば避妊効果はとても高いが、性感染症予防はできない。

③④⑤ **「正しくない」が正解**。③腟外射精、④安全日を選ぶ、⑤月経中を選ぶでは避妊はできない。安全日はない。

2．中絶の方法について、「正しい」「正しくない」「わからない」のいずれかに○をつけてください。

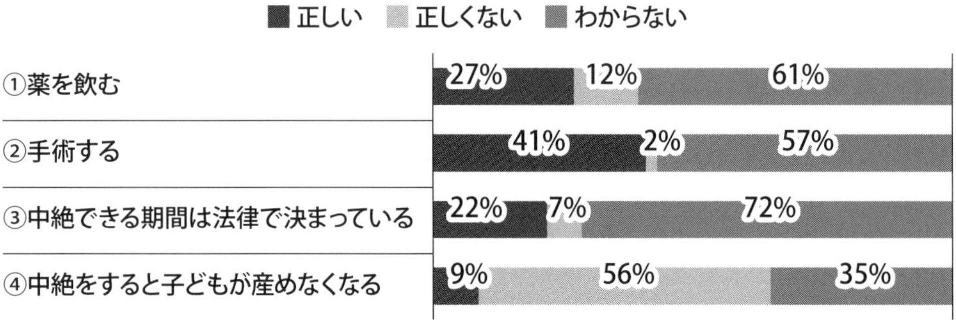

① **「正しい」が正解**。世界では多くの国と地域で経口中絶薬が認められているが、日本ではまだ承認されていない。

② **「正しい」が正解**。初期中絶の場合は麻酔を使って行い、日帰りもできる。中期中絶の場合は1泊～数日入院が必要。

③ **「正しい」が正解**。妊娠21週が終わる日までは中絶できる。22週以降は中絶できない。（母体保護法）

④ **「正しくない」が正解**。ただし、中絶を繰り返すことはからだに負担をかけることになる。

3. パートナーとの関係について、「そう思う」「そう思わない」のいずれかに○をつけてください。

■そう思う　■そう思わない

①キスやセックスを断ったら、付き合っている相手に嫌われるか心配だ

②付き合っている相手にキスやセックスを断られたら、自分のことが好きではないと思う

③2人が合意すれば、中学生でもセックスをしてもよい

④2人が合意すれば、高校生になればセックスをしてもよい

⑤セックスをする、しないは年齢に関係ない

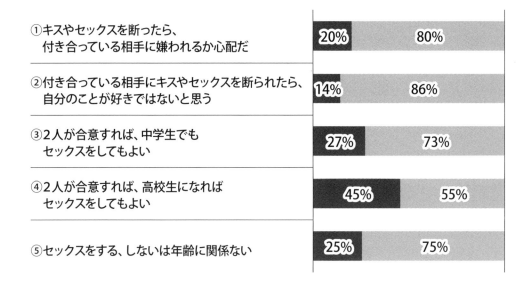

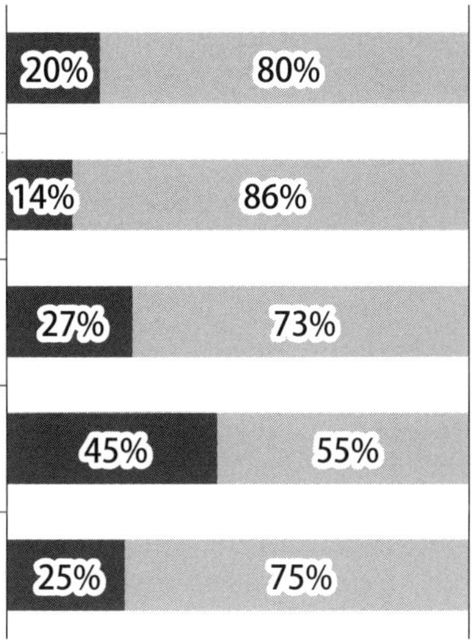

③④　なぜ「よい」と思うのかな？ みんなで考えよう。

【考えよう】
中高生に性交をする「資格」はあるのだろうか……。
安心とは？ 安全とは？ 責任とは？

2021年2月アンケート調査

〔資料 11〕避妊や性感染症予防の話をしよう！

避妊や性感染症予防の話をしよう！

人間の性交は他の動物の交尾と違って、「生殖の性」だけでなく、「ふれあいの性」という愛情を確かめ合うという側面もあります。しかし、月経のある女の子と射精ができる男の子が性交渉をすれば、妊娠する可能性があります。子どもを産み、育てるということは大変なことであり、妊娠はその後の人生を大きく変えることにもなります。ですから、「避妊」の方法を知り、それを実行できることは、これからの生き方に大きく関わることなのです。でも、インターネットなどには、間違った避妊情報もたくさんあります。そうした情報に惑わされないためにも、正確な避妊の知識を学びましょう。

確実に妊娠をさけるには、
性交渉をしないことがいちばん！

コンドーム

「コンドーム」は男性がペニスにつけるものと、女性の腟に入れるものがあります。コンドームは避妊できるだけでなく性感染症も予防できます。

男性用コンドームは、コンビニやディスカウントストアで 10 個 1000 円前後（種類によって異なる）で、または 100 円均一ショップでも手軽に手に入れることができます。

コンドームはペニスが勃起したらすぐにつけなければいけません。勃起している段階ですでに精液が出てきていますから、挿入の前からコンドームを使わなければ、妊娠の可能性はあるのです。

コンドームの正しい着け方を知り、練習しておくことも大切です。

＊ 2 枚重ねはダメ（摩擦で、かえって破れやすくなります）
＊財布に入れておくのはコンドームが劣化するのでダメ（持ち歩くならハードケースで）

女性の腟内に装着する女性用コンドームもありますが、日本ではインターネットでしか買えません。日本では男性用コンドームほど手軽に安く手に入れることができませんが、男性のペニスの勃起に関係なく装着できるので、女性自身が自らの意志で使うことができます。

＊ 4 個入り約 1400 円（1 個あたり約 350 円）

低用量経口避妊薬（低用量ピル、OC）

低用量ピルには、黄体ホルモンと卵胞ホルモンが含まれていて、それを飲むことで排卵を止めます。病院で処方してもらう必要がありますが、女性が主体的に避妊できる方法であり、正しく飲んでいればほぼ 100%の確率で避妊できるとされています。

＊月 1000 ～ 3000 円程度
＊服用をやめれば排卵が起こるようになります。

＊低用量ピルを服用することで、月経に伴う痛みや不安などのトラブルを軽減することもできます。また、入試やスポーツの試合などの時に月経を避けるために時期をずらすこともできます。

＊飲み始めた時に、吐き気や頭痛などの副作用が起きる場合もあります。ホルモン量のより少ない「超低用量ピル」もあり、人によっては副作用を軽減することができます。副作用の他にも気になることがあれば、医師に相談してみましょう。

低用量ピルだけでは性感染症の予防はできません。
低用量ピルを飲んでいても、必ずコンドームも一緒に使うことが、
避妊という点でも、性感染症予防という点でも大切です。

子宮内避妊具（IUS、日本で販売されている商品名：ミレーナ）

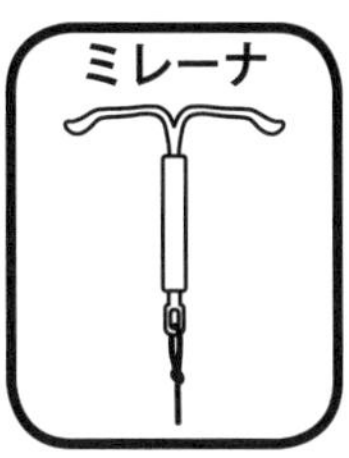

ホルモンを放出する器具を子宮内に挿入する方法もあります。低用量ピルと同様に月経のトラブルにも効果があります。婦人科で医師に診察してもらった上で装着してもらいます。自費診療（避妊）と保険診療（月経困難症や過多月経の場合）で費用は異なります。

もし避妊に失敗してしまったら

72 時間以内に「緊急避妊薬（アフターピル）」を服用すれば妊娠を回避できる可能性があります。早ければ早いほど妊娠を回避する可能性が高まります。

＊下の相談機関を参考にして「緊急避妊薬」を処方してくれる医療機関を探して受診しよう。（6000~20000 円程度）

- **日本家族計画協会「思春期・FP 相談 LINE」　LINE ID：@183xqhfs**
  家の近くで緊急避妊薬を処方できる病院を教えてくれるよ。
- **「ピルにゃん」　https://pillnyan.jp/**
- **ピルコン「緊急避妊薬・アフターピル」**
  https://pilcon.org/help-line/afterpill

性交渉をするならば避妊や性感染症予防についてしっかり話し合って！

性交渉をするならば、相手と避妊や性感染症予防についての知識や考え方を確かめ合うことから始めよう。「そんなこと話せないよ」って思うかもしれないけれど、そこからが性交渉の始まりだよ。ステキな関係をつくっていくためには、絶対に必要！

そして、何か困ったことがあったら１人で抱え込まずすぐに相談できるように、上記の相談機関や地域の保健師、この授業を担当している教員など、信頼できるおとなを探しておこう。

実践 10　恋愛とデート DV〈3 学年〉全 2 時間

ねらい　性をめぐる暴力の構造を理解し、対等で尊重し合える（恋愛）関係についての理解を深める

1 時間目のねらい
デート DV とは何かを知り、日常の中に暴力があることを理解する

◀授業の展開▶

生徒の現状と課題	学習の到達点

1 – ① アンケートから恋愛の実態を知る（→ p.190）

• 恋愛経験や付き合った経験がある生徒もいるが個人差が大きい。	• 恋愛に関する様々な価値観があることを認識する。（態度）

1 – ② 2人の気持ちを考える（→ p.191）

• 恋愛に対する様々な情報（インターネットや体験談など）を見聞きしている。	• 「加害者」と「被害者」双方の気持ちを考え、なぜデート DV が起こってしまうのかその要因を列挙する。（スキル）

1 – ③ デート DV とは何かを知る（→ p.195）

• デート DV という言葉を知らない。 • 暴力に対する認識が薄い。	• デート DV の種類と要因を明らかにする。（知識） • デート DV の現状を知り、身近な問題であることを認識する。（態度） • 暴力は人権侵害であることを認識する。（態度） • 暴力によって相手を思い通りに動かそうとすることは「支配関係」であることを説明する。（スキル）

1 – ④ デート DV に気づくことの大切さを理解する（→ p.197）

• 恋愛に対する思い込みがあり、対等な関係づくりについて考えたことが少ない。	• 心地よい恋愛をするためには「対等な関係性」が大切であることを認識する。（態度） • 恋愛の中で暴力は気づきにくいこと、誰でも被害者、加害者になりうることを理解する。（知識） • 性的同意について説明する。（スキル）

2 時間目のねらい

デート DV を解決する具体的な方法を明らかにする

◀授業の展開▶

生徒の現状と課題	学習の到達点

2－① 身近なデート DV に気づく（前時の復習）（→ p.203）

• 身近な暴力に気づいていない。	• 暴力が身近な問題であることを認識する。（態度） • 暴力とは何かを説明する。（スキル）

2－②「相談役」としてデート DV の解決策を考える（→ p.204）

• 恋愛に対する思い込みがある。 • ジェンダーバイアスに無自覚である。 •「別れる」ことを解決策と考えている。 • デート DV が起きた時、「相談しない」と答える生徒が多く、問題を１人で抱えてしまう。 • デート DV の相談先を知らない。	• これまでの性の学習を活かし、相談役として解決策を挙げる。（スキル） • アドバイスをするにあたっての重要な点（デート DV の気づき、暴力禁止、恋愛の思い込み、ジェンダーバイアス、対話、相談する大切さ）を理解し、自分事として認識する。（態度） • 行政の取り組み（教育啓発や相談機関など）を知る。（知識） • １人で抱えず、相談することは当然のことであることを理解する。（態度） • 暴力があらゆる人間関係に共通して起きることを認識する。（態度）

3 年間の性の学習のまとめ（→ p.217）

授業の流れ　1時間目

1－① アンケートから恋愛の実態を知る

教員　　　　生徒たち

＊〔資料 13〕を配布する（p.214–215 参照）

今日は「恋愛」についてみんなで考えていきたいと思います。「恋愛」は人間関係をどうつくるかということでもあるね。恋愛についての**アンケート**をとったのを覚えているかな？ 集計すると恋愛経験をした人もいるし、していない人もいました。好きな人がいると答えてくれた人は 3 割くらいいました

恋愛なんて興味なーい

恋愛したーい

恋愛はする人もいればしない人もいるよね。恋愛に関心のない無性愛の人もいます。異性を好きになる人もいるし、同性を好きになる人もいるよね

「多様な性」の授業でやったね

アンケート 1 を見ると、中学生が「付き合う」ってことについて、いろいろな意見があるね。恋愛をするってどんな気持ちになるんだろうね

幸せ

ずっと一緒にいたい

夢中になる

ドキドキする

めんどくさい

不安になる

恋愛はいろいろな感情が湧き起こるね

1－② 2人の気持ちを考える

教員

生徒たち

＊〔資料 14〕、〔資料 15〕を配布する

2つのマンガを見ましょう。2人は付き合っています。登場人物がどんな気持ちか考えましょう。
事例1の2人の気持ちを1、3、5グループ、事例2の2人の気持ちを2、4、6グループの人が考えてみてください。個人で考えた後、グループで考えましょう

〔資料 14〕デート DV の事例 1

＊『季刊セクシュアリティ』62 号（エイデル研究所、2013、p.1）を引用し一部改変

〔資料 15〕デート DV の事例 2

＊大東学園高校 性と生チーム「人間関係を考える3つの授業」（イラスト：水野哲夫）『季刊セクシュアリティ』95 号（エイデル研究所、2020、p.49）を引用し一部改変

よくある話だよね

わかりやすくするために、暴力をふるう人を加害者、暴力をふるわれる人を被害者と表現したいと思います。「アキオ」と「ミチ」はどっち？

この場合、「アキオ」が加害者。「ミチ」が被害者だな

「ユリ」と「ジュン」は？

「ユリ」が加害者。「ジュン」が被害者だよね

ここまでくると犯罪だよね

付き合っている相手の LINE をブロックさせている人いるよね

お互いにどちらも加害者、被害者になりうることがありますが、今回はアキオとユリを「加害者」、ミチとジュンを「被害者」と分類して、それぞれの気持ちを考えてみましょう

✓ ここでのポイント

ここでは、生徒たちにとってはわかりやすい表現であるため、「加害者」「被害者」という言葉を用いていますが、状況によっては加害と被害に明確に分けることが適切でない場合もあるかもしれません。

また、生徒の発言から身近な事例が出てくることもあります。暴力は、恋愛の関係だけでなく、あらゆる関係において起こりうることも説明する必要があります。

考えてみよう、話し合ってみよう

では、「加害者」と「被害者」の気持ちを考えてみよう。まずは、個人で考えてみてください。その後グループで話し合って、ミニホワイトボードに意見をまとめてね

◆加害者（アキオ・ユリ）の気持ちを考えてみよう

- 好きで好きでたまらないから他の人に取られたくない
- イライラする
- 何で自分のことわかってくれないの? 信用できない!
- 自分のこと嫌いになったのかな? 不安で仕方ない
- 自分だけを見てほしい
- 嫉妬している

◆被害者（ミチ・ジュン）の気持ちを考えてみよう

- 束縛しすぎで、うざい。信用してないの?
- 重い…窮屈
- 私のことが大好きなんだ。ちょっぴり嬉しい
- やきもち焼き過ぎ！ めんどくさい
- 恋人だから仕方ないけど、自分の時間がほしい
- もう、付き合いたくない。嫌いになりそう

この関係が続くとどうなると思う？

窮屈になる

イライラして、別れたくなる

いい関係をつくれない

そうだよね。カップルの間で相手を自分の思い通りにしようとしたり、自分が相手の言いなりになってしまったり、そういう関係ってたしかに窮屈だよね

たしかにー

こうした関係の中で暴力が起こることもあります。「DV」という言葉は聞いたことがある？

ある

配偶者間（夫婦間や、もと夫婦間）での暴力のことをいうんだけど、若いカップルがお付き合いをしているときや、前に付き合っていた相手との関係で起きる暴力を「デート DV」と言うよ

DV って夫婦だけじゃないんだね

1－③ デート DV とは何かを知る

教員 **生徒たち**

＊〔資料 13〕のアンケート結果 4 を確認する（p.215 参照）

デート DV とは何か、プリントで確認をしましょう。皆さんの**アンケート 4**を見ると、デート DV という言葉を知っている人は女子は 20%くらい、男子は 10%くらいでした。また、知っている人のうちほとんどが中学生にも関係あることだと思っているんだね。デート DV とは「『暴力』で相手を思い通りに動かそうとしている」「相手を『支配』しようとしている」ことです。あなたたちは、「暴力」というとどんなことを連想しますか？

なぐる、ける

言葉の暴力

＊〔資料 16〕を配布する（p.216 参照）

そうだね。でもそれだけじゃないんだよ。では、資料を見ましょう。デート DV の暴力にはいろいろな種類があることがわかりますね。気になるものはありますか？

スマホのメッセージチェックも暴力なの？

「デジタル暴力」だって。
好きなら、何回も電話するよね

これ、思っている人が結構いると思うよ

私もやってそう…

男がおごるのは当たり前って思うことも暴力なのかな

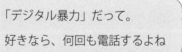

〔S－01〕暴力のサイクル

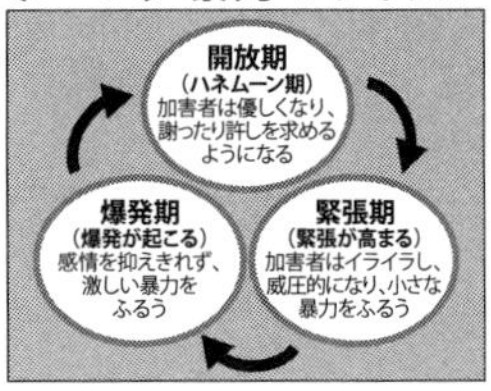

〔S－02〕DV の被害相談件数

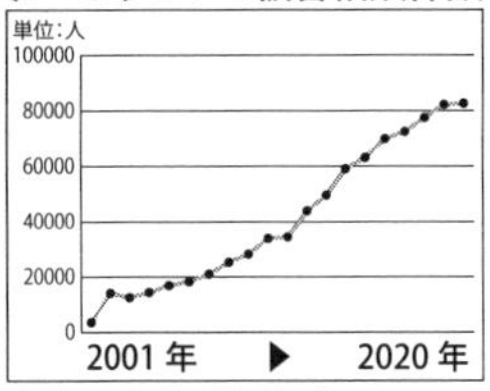

出典 1 を参考に作成

〔S－03〕交際相手からの被害状況

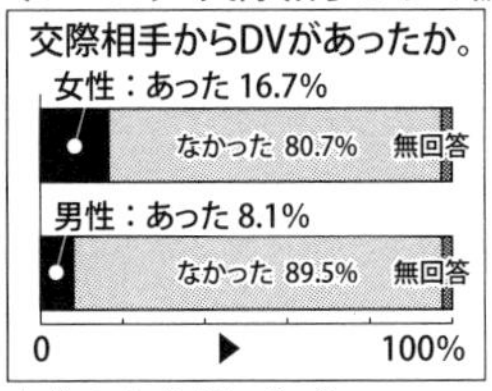

出典 2 を参考に作成

どなったり、馬鹿にしたり、無視したりするなど、心理的に追い詰めることも暴力です。また、性的な暴力、SNS などによるデジタル暴力、そして経済的な暴力もあります。別れた腹いせに SNS によって画像や動画を拡散する「リベンジポルノ」は犯罪です。暴力は全て人権侵害にあたります。そしてここがポイントですが、暴力は重なり合って起きます

▶〔S－01〕暴力のサイクル

2 人の関係の中、暴力はいつも起きているのではありません。
スライドを見てください。暴力は爆発期、開放期、緊張期を繰り返します。暴力を振るった後に「ごめんもう一度やり直そう」って謝られたり、優しくされたりすると、被害者は「やっぱり私は愛されているんだ」と思ってしまうから、自分がされていることが DV だと気づきにくいことがあります。被害者はいつの間にか暴力で支配されているので、判断がしづらくなっているんだよね

▶〔S－02〕DV の被害相談件数

グラフを見ると被害の相談件数が上昇しているね。その背景には、DV を防止する法律ができたりして、私たちが DV を認識できるようになったり、相談しやすくなったりしていることがあります。ところで、どうして DV が起きてしまうんだろうね

相手の気持ち、考えていない

▶〔S－03〕交際相手からの被害状況

交際相手からの DV があったかというグラフを見ると、これらの暴力の被害者は女性だけでなく、男性もいることがわかるね

DV って男の人がやることだと思っていた

（*）授業用資料として堀川修平が作成・提供

1－④デート DV に気づくことの大切さを理解する

教員　　**生徒たち**

＊〔資料 17〕を配布する

以下のスマホのやりとりで暴力に当てはまるのはどこかな？

〔資料 17〕メッセージのやりとり（*）

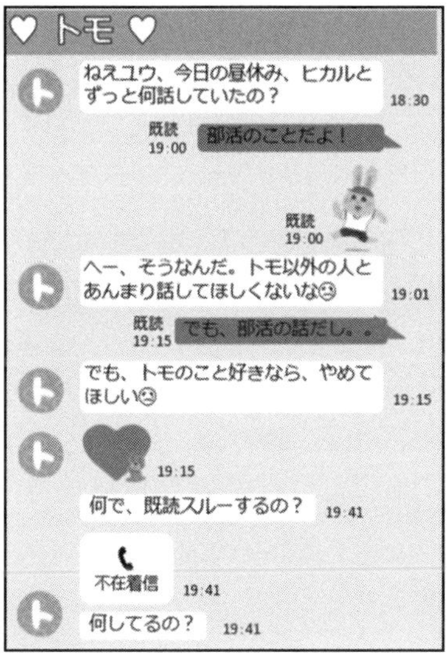

既読無視

他の人と話すなというところ

両方、デート DV

しつこく、メールしたり、電話をするところ

そうだね。よく気づいたね。何気ないやりとりだけど暴力が潜んでいるね

＊教員の好きな芸能人の写真を見せながら話す

私は写真の○○さんのことが大好きなの。もし、この好きな人から「1 日 30 回メッセージ送って」と言われたら、「いいよ」と喜んでしちゃうかも。○○さんにも同じようにしてほしいと思うかもしれない。これは 2 人の約束。2 人はそれで満足している。これって DV なの？ みんな、どう思う？

好き同士なら、そうなるよね

私でも嬉しくて同じことをすると思う

では、みんなの**アンケート1**の10個の項目を見てみよう。この中から、各グループで1つずつ考えてもらいます。話し合う項目はこちらで指定するので、グループで**アンケート1**の結果について話をしてみてください。グループのリーダーはみんなの意見をメモして、後で発表してください

☑ ここでのポイント

声かけの際、生徒の意見を単に容認するのではなく、揺さぶりをかけるように工夫しています。

テーマ1　服装、ヘアスタイルを相手に注文するのは愛しているからだ

ペアルックとかださくない？ 強制されたくないな

今の自分、好きじゃないの？ って言いたいな

大好きな人にそんなこと言える？

うーん、微妙

言いなりになりそう

でもやっぱり自分の好きなファッションをしたいな

テーマ2　いつも一緒にいてほしい

いてほしいよね。好きなんだもん

当たり前だと思うけど

でも、いすぎるとめんどくさくなる

いつも一緒にって無理じゃない？

部活の練習とデートが重なった時、「私と部活、どっちが大事なの？」って言われたらどうする？

選べないよーとか言うかな

テーマ３　付き合っているなら、お互いに独占してもよい

自由がないじゃん

自分のものって感じでいやだ

でも恋人だよ？

気持ちわかるなー

テーマ４　愛されるために相手の期待にこたえなければいけない

これ、厳しいよね

オレは頑張ります！

相手のためにかっこよくなりたいと思うんじゃない？

疲れない？

今の自分を見てほしいな

テーマ５　好きであれば、強引に性的接触をせまるのは仕方ない

強引にっていうのは嫌だな

男って性欲止められないんでしょ

え、そうなの？

男子だけとは限らないけど、性欲のままに行動しちゃうの？

そんなことはない!!

テーマ６　「別れるなら死んでやる」と言い出すのはそれくらい愛しているからだ

死ぬほど好きだからこういう気持ちになっているみたいだよ？

これ、やばいよね

好きじゃなくなっても別れられないってこと?

それ、いやだよね

嫌われたら、仕方ないじゃん

付き合っていれば「当然」と思うことが結構あるんじゃない？ どんなに好きでも相手と自分は別の人間で、別の考えがあるよね。だから、違うってことを前提に話をしてお互いを少しずつわかっていくものじゃないかな

それから、自分のからだのどこに誰が触るかは自分が決めます。自分には「からだの権利」があります。からだだけではなくて、心理的なものも含めて、自分と他の人との間には見えない「境界（さかいめ）」があります。その境界の中に誰が入っていいのか、どんなふうに入ったらいいのか、それを決めるのは自分だけなんです。相手も同じだよね。だから、しっかり相手と話し合っていくことが大切だよね。つまり、「同意をとる」ってことだね。それでは性的同意についての動画を見てみましょう

＊性的同意についての動画「Consent for kids」を視聴する（ここでのポイント p.201 上参照）

☑ ここでのポイント

ここでは Blue seat studio の「Consent for kids」という動画を視聴しています。字幕版と日本語訳版が出ているので、見比べてみるのもいいかもしれません。

- Consent for kids（字幕版） https://www.youtube.com/watch?v=h3nhM9UlJjc
- Consent for kids（日本語訳版） https://www.youtube.com/watch?v=xxlwgv-jVI8

また、Blue seat studios の「CONSENT It's simple as tea」という動画もおすすめです。紅茶にたとえながら、性的同意をわかりやすく理解することができます。

「自分のからだをどうするかは自分で決める」って言ってたけど、決めるためには自分のからだやこころのこと、性について知らないと決められない。決めるのって難しいよね。だからからだやこころ、人間関係のこと、これまで勉強してきたことが役立つよね

ちょっと
これを見て

＊〔資料 18〕を黒板に掲示する

〔資料 18〕お好み焼きについてのやりとり

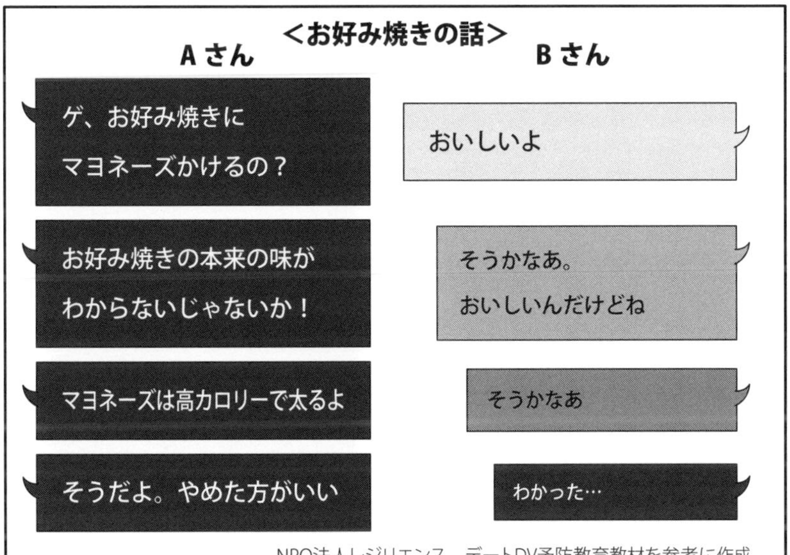

NPO法人レジリエンス　デートDV予防教育教材を参考に作成

☑ ここでのポイント

A さんは B さんと話をしています。ここでは白黒ですが、B さんは、A さんの発言に影響を受けてだんだんと相手の色に染まっていく様子を吹き出しの色とサイズで表現しています。

このやりとりを
見てどう思う？

相手に合わせるってよくあるよね。
好かれるために、やりそうだよね

でも、相手色に染まるってちょっと怖い。
しかも、ふき出しがどんどん小さくなってるし…

実はこれも相手を自分の思い通りにしようとして、デート DV につながる可能性があります。これがデート DV になるかもって「気づく」のは難しいね。わかっているんだけど、好きだから相手の言う通りにしたいって思う気持ちもわかる。
私も好きな人に 1 日 30 回メールしてって言われたら嬉しくて最初はしちゃうかもしれない。でも、それが負担になったり、メールをしなかったときに怒られたりしたらいやだよね。自分のことを自分で決めることができなくなってくるとつらいよね。今の関係おかしいなと思ったら、今日の授業を思い出して。デート DV に気づくって大切なんだよ

デート DV ってわかるかなあ

こんなの、どこにでもありそうだよね

恋愛って難しいなあ

いい関係づくりのためにもまた一緒に勉強していきましょう。これはデート DV だと思うことを聞いたことや経験したことがある人は感想用紙に書いてください。家族の中でのことでもいいですよ

☑ ここでのポイント

生徒が書いた経験談は 2 時間目の授業で紹介しますが、個人が特定されない形で行う必要があります。

＊ 1 時間目終了

授業の流れ　2 時間目

2－① 身近なデート DV に気づく（前時の復習）

教員　　生徒たち

＊前時の振り返りを行う

今回のテーマも恋愛です。恋愛って何が大切だったかな？

お互いの同意

気持ち　関係

そう、関係が大事で、その中で、デート DV の問題についても前回やったね。デート DV ってどんなものだった？

束縛　暴力

暴力で相手を何することだった？

支配

よく覚えてますね。前回の感想用紙には、「これはデート DV だ」と見たことや経験したことを書いてもらいました。スマホのメッセージに関するデジタル暴力や行動を制限する暴力が多かったです

おれも相手のスマホチェックをしちゃってた

よかったね、気づけて。恋人だけじゃなくて、友だちや親子でも暴力はダメだよね。一人ひとりかけがえのない人。暴力についてはここ数年、社会でも取り上げるようになってきました。対策もとっています。何かあったら相談してね。
「恋愛関係なら当然」と思うところから、相手をコントロールし始めて、だんだんデート DV になっていく。そうならないためにも、まずは「気づくこと」、そして、いろんな知識を使って考えることを前回学びました

2－②「相談役」としてデート DV の解決策を考える

教員

ところで恋愛の相談は誰にしますか？

生徒たち

友だち、親友

誰にもしない

兄弟姉妹

親

アンケート 3（〔資料 13〕p.215 参照）を見ると、恋愛の相談は友だちにする人が多いですね。ということで、今日はあなたたちに「相談役」になってもらって授業を進めていきます。3 年間の性の学びを結集させて考えてもらいたいと思います。何やったか覚えている？

1 年生で「性機能の発達」「月経」「射精」「性と情報」「生命誕生」と「『女らしさ・男らしさ』を考える」、2 年生では「多様な性」、3 年生になって「性感染症の予防」そして「避妊と人工妊娠中絶」について学習しましたね

考えてみよう、話し合ってみよう

〔資料 15〕（p.191 参照）

前回やった「デート DV の事例 2」を見てください。「被害者」であるジュンと「加害者」であるユリから相談を受けたら、どのようにアドバイスをするか、考えましょう

◆ユリ（加害者）へのアドバイス

嫌われるよ

もっと話し合おう

怒りを押さえられないの？
自分の気持ちを冷静に
話してみたら？

嫉妬しすぎはよくないよ。
もっと B を信じてあげなよ

自分に自信がないから不安になって束縛しちゃうんじゃないかな

不安になるのはわかるけど、束縛はだめだよ

◆ジュン（被害者）へのアドバイス

いやなことはちゃんと
伝えた方がいいよ
別れた方がいいよ
ぼくはあんたのものじゃ
ないって言った方がいい
話し合ってみたら
それだけ、惚れられているってことだよ
ユリの気持ちも
わかってあげたら?

ここでのポイント

「話し合う」「別れればいい」という意見が多く出ます。そう言ってしまうのは簡単なのですが、恋愛という関係性はもっと複雑です。そのため、何を話し合うのか、どうやって話し合うのかまで具体的に考えられるように声をかけましょう。

ちょこっとエピソード

浮気されたら、どうする？

A「浮気されたらどうする？」

B「おれ、絶対許さない」

A「殴るの？」

B「いや、口で言う」

A「でもさ、浮気されるって自分のこと向いていないってことだから潔く別れるしかないんじゃない？」

B「お前、できるの？ だって好きなんだよお。苦しいなあ」

デート DV の授業後の昼休み、あちこちで恋愛談義がされていました。

みんな、いい意見をたくさん出してくれたね。みんなの意見を聞きながら、アドバイスをする時のポイントを５つに整理してみますね

✓ ここでのポイント

できる限り、５つのポイントに生徒の意見を結び付けて説明をするといいでしょう。または生徒の意見からポイントを導き出せるとさらにいいと思います。

（1）「それってデート DV だよ」と気づかせる

１つ目に「それってデート DV かもしれないよ」と伝えて、気づかせてあげることは大切だというういう意見が出てきているね。関係性の中で怖いと思ったり自信を失ったら、そして怖いと思わせたり自信を失わせたら、それは暴力だね

せっかく習ったんだもんね

暴力の種類のプリントを見せるといいかもね

一緒にいてほっとできるのがいいなあ

（2）恋愛の思い込みを改めようと伝える

２つ目に、恋愛ってこういうものという、思い込みがあるっていうことも出てきたね。恋人だから、考えは同じ？

違う

同じにしたいっていう気持ちはある

いつも一緒にいるべきなの？

いつも一緒はムリだし

それぞれ、やりたいこともある

お互いを全て知る必要があるの？

えー、自分は知りたいって思う

隠したいこともある

全部知ったら、おもしろくないかも

そうだよね。知らないところがあるっていいよね。自分の思い通りにならないからと言って、怒ったりするのはどうですか？

怒ったりしたらダメだよね

ちょっと違う視点で考えてみよう。恋人同士の関係で、男がこうするべき、女がこうするべきという決めつけはないかな？

男がリードしなきゃいけないとか

女が料理をするのは当たり前とか

思い出した！ これ、1年生の「女らしさ・男らしさ」の授業でやったよね

そういう、決めつけを何ていうんだっけ

ジェンダーなんたら

ジェンダーバイアス！

そうだよね。「女だから」「男だから」や、「年上だから」「年下だから」じゃなくて、人としてまず対等であることを大切にできたらいいよね。
「事例 2」に出てきたユリとジュンもこのことに気づけると、もっと楽しい関係になれるね。
みんなも、読んでいる恋愛小説、漫画、テレビドラマから恋愛はこういうものという思い込みを刷り込まれている可能性があるかもしれませんね

(3)「暴力は絶対にいけない」と伝える

3 つ目に、被害者には「あなたは悪くない。どんな理由があっても暴力をふるわれていいわけがない」と伝えるということもポイントになるね。加害者には、好きな人にイライラしたり不安になることがあっても、それでも暴力はダメだと伝えることが大切だね。
加害者が、なぜ相手が思い通りにならないと怒ってしまうのか、嫉妬や不安を暴力につなげてしまう理由を考えていく必要があるね。暴力をふるってしまう友だちにどんな伝え方があるかな？

「暴力の種類」の資料を見せる

気持ちは暴力では伝わらないって言うのはどうかな

そうだね。相手にわかってほしいという気持ちかもしれないけれど、それを暴力で表現してしまうとこの先、どうなるかな？

暴力がもっとひどくなる

言うこと聞くのが当たり前になる

そういう恋愛ってどう思う？

お互いがつらいよね

そんなの恋愛じゃない。相手がかわいそう

付き合っている意味、あるのかな

そうだね。恋愛だと思っていても、気が付いたら大切な人を傷つけることになるね

(4) 話し合うことの大切さを伝える

4つ目に、付き合っていても、お互いは別々の人間でいろんな考えをもっているよね。それは言葉で伝え合わないとわからないから、話し合うことが大切だっていうことが、みんなから出てきているね

話し合っても無理ってこともあるんじゃないかな？

（＊）内閣府男女共同参画局「男女間における暴力に関する調査（令和２年度調査）」

そうだね。話し合っても無理なこともあるよね。でもまずは話し合いが大切だね。また、みんなの意見の中に「別れなよ」という意見がたくさんあったね。「別れる」というのも１つの方法。でも、気をつけてほしいのは、「別れるべき」というメッセージは、そういう相手を選んだり、「別れられないあなたが悪い」ととらえてしまう可能性があるよ

そもそも、好きなんだから、簡単に別れられないよ

でも、決めるのは自分でしょ

別れるって、つらいけど、決して悪いことではないんだよ

(5) 相談する大切さ

そして５つ目に、相談することも大切だって出てきてるね。でも、みんなの**アンケート**では30%くらいの人が「相談しない」と答えています。おとなでもデートDVの被害に遭った人が「相談しない」「誰にも言えない」と答えた人が３割以上いるんだよ(＊)。何でなのかな？

相談しても無駄だから

恋愛は自分たちの問題だと思ってるから

相手に知られたら怒られそうで怖い

自分が悪いって言われそう

恋愛に対する思い込みがあったり、相談すると恥ずかしいとか思っているかもしれないけど、相談できるってとてもすごい力をもっているってことなんだよ。相談するって権利なんだよ。みんなだったらどこに相談する？

ネット

児童相談所

友だち

カウンセラー

電話相談

困った時には、私や保健室の先生、地域の保健所の保健士さん、専門の相談機関に相談してもいいんだよ

＊デート DV に関するリーフレット配布（足立区男女共同参画プラザ「ちょー簡単デート DV の基礎知識」（エンパワメントかながわ、2019））

パートナー間の暴力は発見するのが難しく深刻化してしまうので、行政はいろいろな取り組みをしています。私たちの地域も何とかしようとがんばっていて、リーフレットを配布しています。2 人の関係が苦しいな、何かおかしいなと思ったときに、このリーフレットを一緒に読めるといいね。相談先も載っているよ

2 回にわたって恋愛についてみんなで考え合いました。でもこれは恋愛だけじゃなくて、友だち関係や親子関係にも通じることです。親子でも人として「対等」でなければいけません。自分の考えを言えるって大切だよ。
それでは、2 時間の授業の感想を書いてください

✔ ここでのポイント

各地域でデート DV や DV に関する資料が作成されていると思います。地域の相談先なども載っていますので、ぜひ活用してみてください。

この実践から見えてきたこと

「思い込みの恋愛観」からの脱却をめざす

この授業は3年間の性の学習の最後の時間になります。そのため、単なる暴力から身を守る予防教育ではなく、からだについて、人間関係についての学びの積み重ねを活かす授業を目指しています。生徒自身が答えたアンケートを土台にした話し合い、デートDVの当事者へのアドバイスを考えることを通して、性に関する考え方や価値観を生徒たちが共有することで、「思い込みの恋愛観」の変容にもつながってきます。自分たちの付き合いが「DVだったんだ」と気づき、振り返る生徒の感想もありました。

また、多くの中学生は恋愛に興味をもっていますが、関心のない生徒もいます。個人差が大きいものの、まだ恋愛にどっぷりとつかっていない年代だからこそ、客観的に「恋愛」を考えていくことが可能になります。

暴力の構造を理解する

誰もがデートDVの被害者、加害者になりうることを理解することが大切です。好きだから嫉妬し、拘束したくなる気持ちが湧くことがあっても、それを暴力という形で表現するかどうかは学ぶことによって変わることが期待できます。そのため、暴力の種類や、なぜ暴力が起きるのかを構造的に知ること、解決のためのいろいろな方法を学習することは大切です。また、恋愛関係だけでなく、「いじめ」「家庭内の暴力」など身近な暴力問題にもつなげていくことができ、自分たちの人権の問題であるという意識が高まります。

より良い授業をつくるために

デートDVについて誰かに相談することに対するハードルを低くするために、積極的に地域や行政のデートDVに関する取り組みを紹介しましょう。授業づくりの際にも、パンフレットを配布、紹介するなど、それらの機関と連携をとっておくこともおすすめです。

また、恋愛に対する価値観の多様性を前提に、「恋愛」やパートナーとの「心地よい関係」とは何かということを生徒たちみんなで議論し、「心地よい関係」をつくることを具体的に考えられるようになるためには、授業の中でのより深い掘り下げが必要となるでしょう。

『ガイダンス』の視点からの課題

主に関連するキーコンセプト

2「価値観、人権、文化、セクシュアリティ」
3「ジェンダーの理解」
4「暴力と安全確保」

本授業は3年間の性の学習の最後の2時間です。子どもたちのアンケートやデートDVの具体例を活用しつつ、暴力を幅広く理解し、解決策（人的資源や社会資源）を考える内容となっています。そして子どもたちの性に関する価値観を揺さぶるような教員の発問が設定されています。

『ガイダンス』では「ジェンダーに基づく暴力」と「暴力」は共通して、暴力とは何かを明らかにし、様々な具体例を知ること、そして暴力は人権侵害であると記されています。また、暴力をどのように乗り越え、暴力を生み出さないために何ができるかを具体的に考えるとあり、本授業の内容と合致します。

実践を編成するにあたって、意識の醸成に重点を置くのではなく、法的権利や権利行使の主体としての当事者性を持ち、どう乗り越えるかを考えるプロセスをどのように保障するかは、大きな課題です。また『ガイダンス』の「同意、プライバシー、からだの保全」にある「からだの権利」とは何でしょうか。これも実践者で大いに議論してほしいところです。自分とは異なる他者と関わるにあたって、それぞれの自己決定を重視するために対話が必須であり、そこに同意が関わります。また、同意には、様々な支配関係やジェンダーバイアスといった要因が構造的に関わっていることを知ることはとても重要です。この授業では同意や境界をテーマとしたblue seat studioの動画を使用しました。動画を見せればいいというものではありません。この実践は最後の時間ですから、これまでの学びの積み重ねを確認し、それをどう活かすかの一歩となるような内容と言えるでしょう。

（艮 香織）

スライドの出典一覧

1 警視庁「令和2年におけるストーカー事案及び配偶者からの暴力事案等への対応状況について」（2021年3月発表）

2 内閣府男女共同参画局「男女間における暴力に関する調査（令和2年度調査）」

〔資料 13〕恋愛とデート DV を学ぶ事前アンケート結果

1．あなたが付き合う場合、パートナーとの関係の中で、下記の事柄について
「はい」「いいえ」「わからない」のうちあてはまるもの１つに○をつけてください。

女子の結果

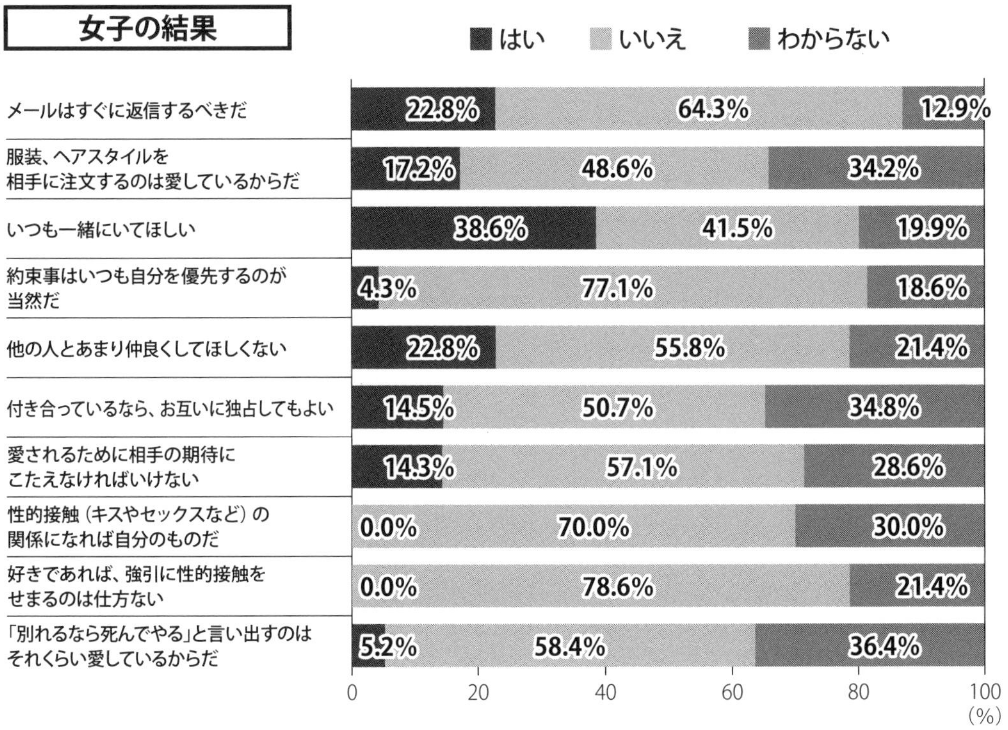

男子の結果

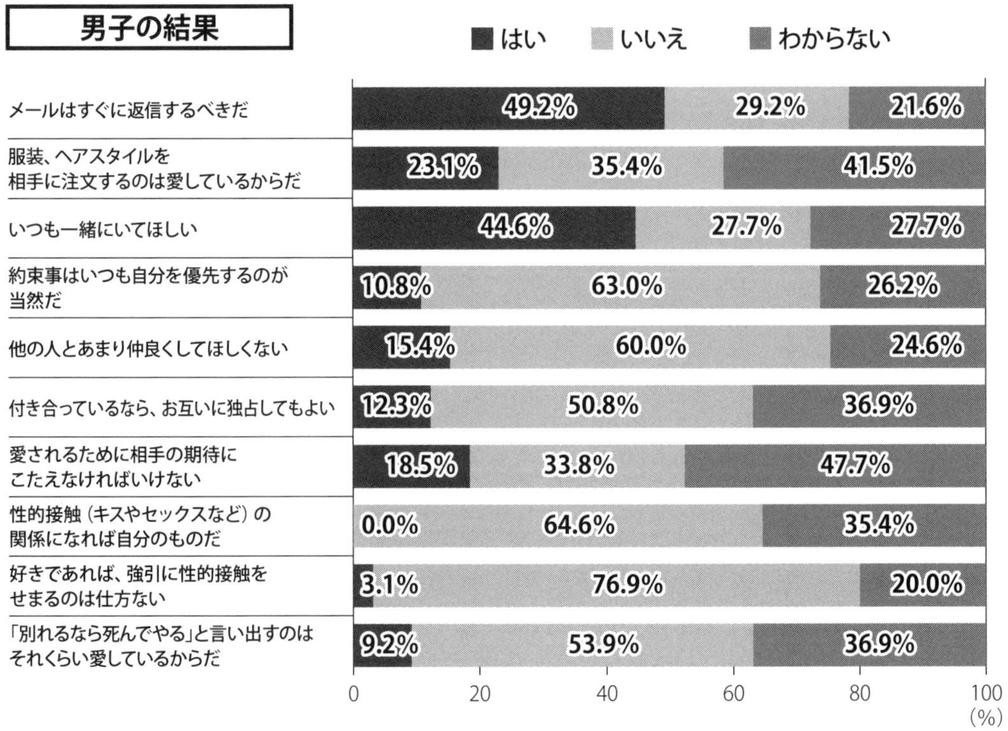

2．中学生が付き合うとは、具体的にどういうことだと思いますか。
あてはまるものすべてに○をつけてください。

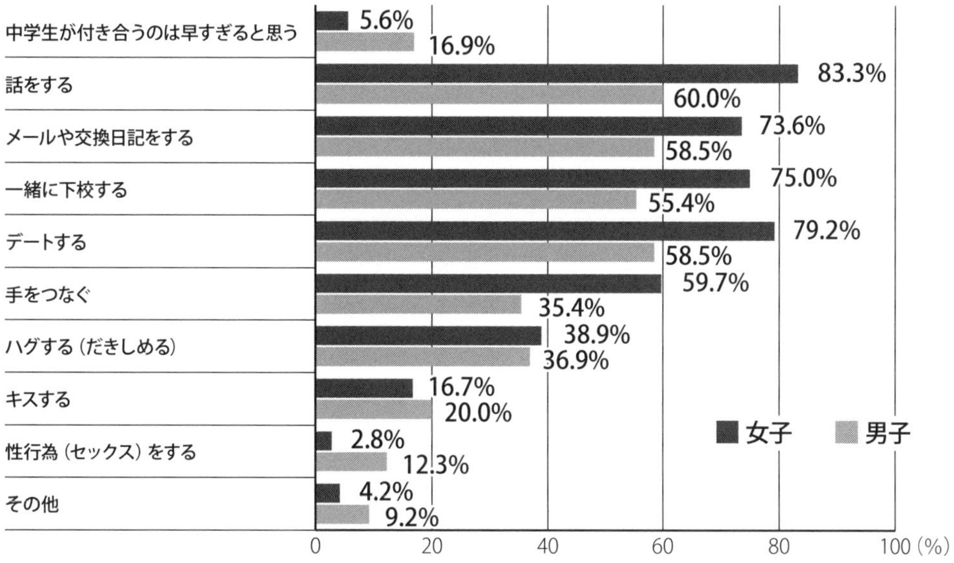

3．恋愛についての相談は誰にしますか？

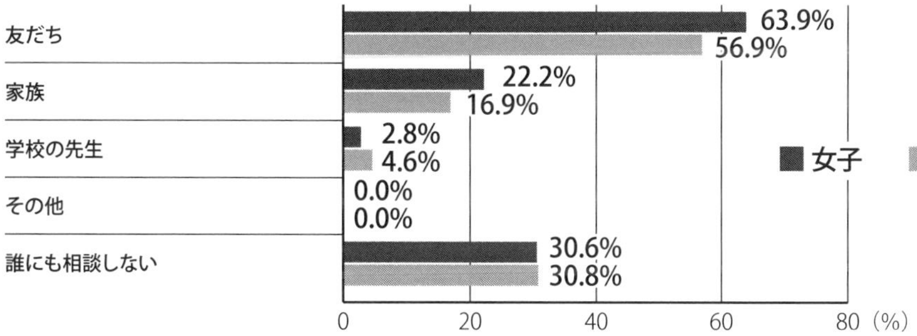

4．デートＤＶという言葉を知っていますか？

	知らない	知っている
女子	75.0%	22.2%
男子	87.7%	12.3%

「知っている」と答えた人にお聞きします：中学生には関係ないと思いますか？

	いいえ	はい
女子	81.3%	1.9%
男子	100.0%	0.0%

2021年3月アンケート調査

デート DV って何？

デート DV とは暴力をつかって、怖がらせたり傷つけたりして、相手を自分の思い通りに動かそうとする行動のことです。それは「愛」じゃなくて「暴力」です！ 人権侵害です！

いろいろな暴力がある

身体的な暴力（からだに直接ふるわれる暴力）

物を投げる　唾を吐きかける　たたく
噛みつく　つかんでゆする　なぐる
部屋や家から出ないようさえぎる
監禁する　押したり突いたりする
からだを押さえつける
髪の毛を引っ張る　平手で顔をたたく
げんこつでなぐる　首を締める
危険物や凶器を使う　など

言葉・心理的・感情的な暴力

相手に向かってばかにした言葉を言う
どなる　無視する　にらみつける
ふきげんになる　皮肉やいやみを言う
自分の暴力や態度を相手のせいにする
自殺すると言っておびやかす
秘密をばらすと言っておどす
「みんな…している」と言って仲間はずれを怖れさせる
相手を子ども扱いする　など

性的な暴力

からだについてひどいことを言う
無理にアダルトビデオを見せたりまねさせようとする
性的接触に応じないとふきげんになる
性的接触を無理強いする
避妊に協力しない
性感染症予防に協力しない　など

デジタル暴力

相手に許可なく情報や写真を SNS などに拡散する
相手のスマホなどを使用し、行動を監視する
しょっちゅう電話やメッセージを送るように命令する
しょっちゅう電話やメッセージを送る
相手のスマホなどのメールを勝手にチェックしたりアドレスを消したりする　など

経済的・社会的な暴力

お金を払わせる　バイトをさせる
バイトをやめさせる
お金を貸すことを強いる　など

ここがポイント！ デート DV

- いくつかの暴力が重なり合って起きる。
- いつも暴力が起きるわけではない。

3 年間の性の学習のまとめ

(1) 性の学びを振り返り、感想を語り合う

実践 10「恋愛とデート DV」の授業の最後の時間に「性の学びのまとめ」を行っています。10 分ぐらいで 3 年間を振り返る慌ただしいワークではありますが、この時間には大きな意味があります。

①生徒たちの知識や経験が、これからの人生という大きな枠組みの中でつながっていくこと

②生徒たちが性について学ぶことの重要性を認識し、性をポジティブにとらえ、生徒たちが卒業した後も性について学びつづける原動力となること

③性について一緒に考え、学び合ったことが、生徒たち同士や教員との「信頼」につながり、相談できる関係になったことを実感すること

④この授業を担当してきた教員が、次年度以降もより良い授業をつくっていく原動力になること

これらの意味をもつこの「まとめ」の時間は、とても重要だと感じています。できれば、別途時間を取ることもおすすめします。

これまで 3 年間かけて性について学習してきました。皆さんにとってどうだったかな。
1 年生の保健の授業では、からだのことを学びました。いのちの始まりについて知ることで、「からだ」を知ることは「いのち」を守ることにつながることを学習しました。胎内で「生きるトレーニング」をして生まれてきたあなたたちは、みんな等しく「生きる権利」、そして「大切にされる権利」があるんだったね。
また、「らしさ」について問い直すことを通して自分の生き方を広げたり、インターネットやソーシャルメディアの危険性を理解したうえで使っていくことの重要性を確認しました。
2 年生で学習した「多様な性」では、性的指向や性自認など、性のあり様は多様であり、自分自身も相手も多様な性の中に位置づく対等な存在であることを学び、人権感覚を高めていきました。
3 年生では、性感染症の予防についての知識を深め、感染者への差別・偏見について考え合いましたね。そして妊娠を防ぐ方法、妊娠をした際の対応についての正しい知識や情報を得て、自らの性行動についてみんなで考え合いました。そして、デート DV について知り、パートナーとの関係性についても考えました

考えてみよう、話し合ってみよう

これらの「性の学習」はあなたたちにとってどうだったかな。3年間の学習を一つひとつ振り返りながら、感想を出し合い、ミニホワイトボードに書いてください

差別や偏見が減った

素敵なおとなになれそうだ

自分がしている行動を振り返れた

性に対するイメージが変わった

将来役に立つ知識が学べた

自分を知ることができた

もっと詳しく学びたいと思った

自分や相手を守ることができると思った

(2) 後輩への性の学びのバトンになる生徒の感想文

3 年間の学びで、性は「大切なこと」として認識できた人が多くいたみたいだね。これまで「性の学習」で学んだ情報は自分にとっても、そして誰かと関係をつくる時にもとても大切になります。性は一生向き合っていくものです。これからも性について学び続けてほしいと思います。
皆さんのように性の学びを経験した人は、おとなを含めて日本ではまだまだ少ない状況です。もし、悩んでいる人や差別的な発言をしている人がいたら、みんなが学んだことを教えてあげてください。そして、おかしいと思ったことに対して「声を上げる」大切さも学びましたね。声を上げることで社会が変わってきたことも学習しました。学んだことを広げ、実際に行動していってほしいと思います。
「性の学習」は、「あなた」が幸せに生きるための学習だったのです。
では、最後に 3 年間の感想文を書いて終わりにします

ここでのポイント

感想を書いてもらう際には、「みんなの意見を今後の授業に活かしたいから」ということで、次のようなことをリクエストします。

- ・後輩へのメッセージ
- ・授業 3 年間を通して思ったこと
- ・「性の学習」についてどう思っているのか
- ・性に対する価値観が変わったかどうか
- ・授業への「ダメ出し」 など

3 年間の授業を終えて、生徒たちはいろいろな感想を出してくれます。
感想文の一部を次のページに紹介します。

＊生徒の感想１

３年間の授業を通してはじめはあまり気が進まなかったけれど、やっていくうちにどんどんこんな風にすれば良い関係がつくれるんだと思った。多様な性の授業をやることで自分みたいに中には言えない人も自分を拒絶しがちだけど、この授業をやることで自分自身を受け入れられる。この授業をやることで周りの人が理解しやすくなるので相談もしやすくなると思いました。この３年間学んで正しいことを知ることができてよかったなと思えた。本当にこの授業を受けることができてよかったです。

＊生徒の感想２

３年間性の学習をうけたため、他校の人と会話しているとき知識の差を感じる時があって、性の学習をうけていて良かったと思った。
３年間授業をうけて、性とは難しいものだとわかったし、間違った知識も多く、見抜かなければならないと思った。

＊生徒の感想３

性の授業は中学生には早すぎるなどの声が上がっていて世間からよくない目で見られていることをニュースや新聞などで知ったが、３年間受けてきて、まったくそのようなことはないと思った。
早いうちから勉強しておくことで、いざという時、また困った時や不安な時に自分で少しでも解決できる力を養えていると思いました。

(3) 番外編　性の学びで変わった教員たちからのメッセージ

性の学習は、生徒たちの意識を変えるだけでなく、教員たちの意識をも変えてくれます。性の学習は相手との関係性の学習でもあるからです。生徒、教員、学校全体で性を学んでいくことで、誰もが過ごしやすい学校をつくり上げていくことにつながります。

そこで、ここでは番外編として、中学校の中で一緒に性の学習に取り組んできた先生方のコメントも紹介しましょう。

＊K先生

私と性教育の出逢いは、初めて赴任した学校です。性教育の授業を参観した時に、生徒から「先生、性はグラデーションだよ。」と教えられ、衝撃が走ったことを今でも鮮明に覚えています。自分の在り方を誰にでも話し、また、相手を尊重して受け入れている光景がそこにありました。それが当たり前で、自然なことなのです。まさに、人権教育です。

私は性を科学的に学んだり、オープンに人と語ったりという記憶がほとんどありません。私の10代、20代は生きにくいものでした。こころに不安定な要素を抱えていた私に、性の学習の中で、差別偏見のない考え方で、人は対等であることを教わりました。

樋上先生と一緒に性の学習に関わらせていただくようになり、私自身、生きることが本当に楽になりました。また、生徒との距離感もうまくとれるようになりました。性の学びは生徒のみならず私たち教員の変容にもつながっています。そして今、子どもたちの変容を期待しながら多くの教員が実践しつつあります。

私は知識という土台の上に教養は身につくと思っています。だからこそ、子どもたちも正しく性を理解して学び、その上に自分らしさというカラーを表現できるようになってほしいと考えています。そのためには、環境が大切です。子どもたちにそんな環境を与えられる教育者でありたいです。

＊M先生

私には姉がいます。年が離れているため、幼い頃は一緒に遊んでもらえず、けんかをしても勝てっこないので、あまり仲のよい姉妹ではありませんでした。

でも年頃になると、姉は私にとって「恋愛経験豊富な指導者」となり、毎晩遅くまで姉の部屋に入り浸っては恋バナや女子トークで盛り上がるようになりました。

中学校に入学したとき、姉が私にくれたものがあります。コンドームです。どんなに好きな人ができても、これを使ってくれない男とは絶対にセックスしてはいけない。コンドームを着けたがらない男はたくさんいるけど、避妊してくれないのなら断りなさいと言われました。そして続けてこう言ったのです。「避妊しないでセックスしたら妊娠するということを、誰も私には教えてくれなかった」と。

ここに文章を載せることについて、承諾を得た上で書いていますが、姉は10代で人工妊娠中絶をしました。だからこそ、私はその言葉を重く受けとめました。当時はインターネットなど普及もしていない時代でしたが、電話ボックスや電柱には裸の女性の風俗チラシがびっしり貼られていたりして、あらゆるところに性の情報は氾濫していた記憶があります。学校では性に関心の強い友だちから体験談を聞いたりして、セックスがどんなものなのか、ある程度は知っているつもりでした。それでも確かに、避妊しなければ妊娠するということまでは、考えたことがありませんでしたし、誰も教えてはくれませんでした。

都議会で性教育の実践が批判され、報道されました。その渦中にいたとき、姉から言われた「絶対に性教育を続けてほしい。私も中学生のころ、あんたの授業受けたかったよ」という言葉。性教育に関われたことに感謝し、子どもたちに胸を張って性の大切さを伝えて続けていきたいと思います。

＊S 先生

私がはじめて「性の学習」の授業をさせていただいたのは、教員１年目の冬でした。初任校に赴任するまでは、自分が直接的に性の学習に携わることになるとは思ってもいませんでした。どこかで、私は英語科の教員、「性の学習」は保健体育の授業で、保健体育の先生や養護教諭の先生が指導するものであるという考えがあったのだと思います。

「性の学習やってみない？」と声をかけていただき、授業をすることが決まってからは、教材研究に時間をかけて準備をしました。私が授業をさせていただくことになったのは「恋愛とデート DV」という単元でしたが、自分自身も知識がなく、はじめてのことでしたので、一生懸命に勉強しました。初めて知ったことも沢山あります。私が教員１年目に初めて知ったことを、子どもたちが中学生という時代に学ぶことができるということが大変うらやましくも思いました。授業では性について生徒は一生懸命に考え、一生懸命に向き合ってくれました。「性の学習」を受けることができる、考え、学び合うことができる、そんな環境はどんな教育現場にもあるべきだと思いました。

「性の学習」を受け続けてきた子どもたちは、様々なことに「気づく」ことができます。私は英語の授業の中では当たり前のように「彼」は「he」で「彼女」は「she」と指導していたある日の授業中、「先生、男や女だけでは表せない性がたくさんあるのに he や she で性別を決めるって、変じゃないですか？」と発言した生徒がいました。「おお！！」と思わず感動しました。「確かにそうだね。じゃあどのように表現することが適切なのだろうか…」みんなで考え、調べました。このように生徒たちから教わったことがたくさんありました。

「性の学習」を実践するチャンスをいただけたことに感謝し、「性の学習」に関する指導をしてくださる先輩の先生方がいるこの環境を大切に、引き続き実践していき、その大切さを伝え続けていけたらと思います。

参考文献・URL

■実践の中で紹介した WEB サイト一覧

生徒が最もアクセスしやすい情報源が「インターネット」であることは、実践 6 に出てきた生徒のアンケート結果を見ても明らかでしょう。そのため「性の学習」では、科学的に正しい性の知識を得られる WEB サイトを授業中に紹介しています。ここでは、複数の実践で生徒たちに紹介している WEB サイトを 3 つ紹介します。

知識を得られるだけでなく、性に関する悩み事にも対応していますのでぜひ見てみてください。

①「生理のミカタ」
（バイエル薬品株式会社）
実践 3、実践 6 で紹介しています

②「性を学ぶセクソロジー」
（SEXOLOGY 制作委員会）
実践 3、実践 4、実践 6、実践 8 で紹介しています

③「紳也's ホームページ」
（泌尿器科医 岩室紳也）
実践 4、実践 6、実践 8 で紹介しています

④「ココカラ学園」
（Yahoo!きっず）
実践 3、実践 4、実践 6 で紹介しています

■全体に関わる参考文献・URL

- 浅井春夫、水野哲夫、艮 香織編、柿崎えま絵『人間と性の絵本』（全 5 巻）（大月書店、2022）
- 狛潤一、佐藤明子、水野哲夫、村瀬幸治『改定新版　ヒューマン・セクソロジー』（子どもの未来社、2020）
- 関口久志、田代美江子、橋本紀子『ハタチまでに知っておきたい性のこと　第 2 版』（大月書店、2017）
- “人間と性” 教育研究協議会編『季刊セクシュアリティ』103 号（特集：包括的性教育をすすめるためのキーワード 63）（エイデル研究所、2021）
- ユネスコ編、浅井春夫、艮 香織、田代美江子、福田和子、渡辺大輔翻訳『国際セクシュアリティ教育ガイダンス【改訂版】―科学的根拠に基づいたアプローチ』（明石書店、2020
- 久保田美穂、櫻井裕子、高橋幸子、田代美江子「＃つながる BOOK」https://www.jfpa.or.jp/tsunagarubook/
- “人間と性” 教育研究協議会メンバー（飯田亮瑠、星野恵、水野哲夫）執筆・監修「ココロとカラダのことを学べるココカラ学園」（Yahoo!きっず）https://kids.yahoo.co.jp/sei/

■「生命誕生・性機能の発達・月経・射精」に関わる参考文献・URL

- 浅井春夫著、柿崎えま絵『人間と性の絵本　1 私ってどんな人？』（大月書店、2022）
- 狛 潤一、佐藤明子、水野哲夫、村瀬幸治『改定新版　ヒューマン・セクソロジー』（子どもの未来社、2020）
- SEXOLOGY 製作委員会「SEXOLOGY　性を学ぶセクソロジー」https://sexology.life/
- 水野哲夫著、柿崎えま絵『人間と性の絵本 3　思春期ってどんな時？』（大月書店、2021）

■「『女らしさ・男らしさ』を考える・多様性な性」に関わる参考文献・URL

- NPO 法人 EMA 日本「世界の同性婚」(2022 年 7 月) http://emajapan.org/promssm/world
- ILGA World「性的指向に関する世界の法制度」(日本語版、2020 年 12 月) https://ilga.org/downloads/JPN_ILGA_World_map_sexual_orientation_laws_dec2020.pdf
- 世界保健機関 (WHO)「疾病及び関連保健問題の国際統計分類 第 11 回改訂版：International Classification of Diseases 11th Revision」(ICD-11) https://icd.who.int/en
- 世界保健機関 (WHO)「health topics」https://www.who.int/health-topics
- 日本思春期学会編『思春期学　基本用語集』(講談社、2021)
- Marriage For All Japan―結婚の自由をすべての人に　WEB サイト https://www.marriageforall.jp/
- 渡辺大輔監修『いろいろな性、いろいろな生きかた』(全 3 巻)(ポプラ社、2016)

■「性と情報」に関わる参考文献・URL

- エンジェルズアイズ　WEB サイト　https://angels-eyes.com/
- 警察庁サイバー犯罪対策プロジェクト「都道府県警察本部のサイバー犯罪相談窓口一覧」https://www.npa.go.jp/cyber/soudan.html
- 人身取引被害者サポートセンター　ライトハウス　WEB サイト　https://lhj.jp/
- セーファーインターネット協会　WEB サイト https://www.saferinternet.or.jp/
- 総務省　上手にインターネットと付き合おう！ 安心・安全なインターネット利用ガイド「動画コンテンツ集」https://www.soumu.go.jp/use_the_internet_wisely/movie-library/
- 久保田美穂、櫻井裕子、高橋幸子、田代美江子「＃つながる BOOK」 https://www.jfpa.or.jp/tsunagarubook/

■「性感染症の予防・避妊と人工妊娠中絶」に関わる参考文献・URL

- アメニモ「ピルにゃん」 https://pillnyan.jp/
- エイズ予防財団 「エイズ予防情報ネット (API-Net)」https://api-net.jfap.or.jp/index.html

- 久保田美穂、櫻井裕子、高橋幸子、田代美江子「＃つながるBOOK」 https://www.jfpa.or.jp/tsunagarubook/
- 国立感染症研究所　WEBサイト　https://www.niid.go.jp/niid/ja/
- 日本家族計画協会　WEBサイト　https://www.jfpa.or.jp/
- ピルコン　WEBサイト　https://pilcon.org/
- ぷれいす東京WEBサイト　https://ptokyo.org/

■「恋愛とデートDV」に関わる参考文献・URL

- アジア太平洋人権情報センター（ヒューライツ大阪）編『人権ってなんだろう？』（解放出版社、2018）
- 伊田広行『デートDV・ストーカー対策のネクストステージ―被害者支援／加害者対応のコツとポイント』（解放出版社、2015）
- 伊田広行『シングル単位思考法でわかるデートDV予防学』（かもがわ出版、2018）
- デートDV防止全国ネットワーク「notAlone」https://notalone-ddv.org/
- Blue Seat Studios WEBサイト　https://www.blueseatstudios.com/

■性教育関連のイラスト素材が見つかる参考文献・URL

- ACワークス「イラストAC」https://www.ac-illust.com/
- 性教育いらすとWEBサイト　https://seikyouiku-illust.com/
- megkmit WEBサイト　https://www.megkmit.com/

おわりに

本実践は、保護者・他校の先生方に開かれた授業として、たくさんの方にご意見をいただきながら何度も繰り返してきました。「子どもたちのためには必要な授業」、「実践してみたい」との評価の声をたくさんいただきました。また、学校内では性教育の魅力を感じ、自信をもって授業をする教員が増え、人権教育として教育課程に位置づけられて少しずつ定着してきました。しかし、他の学校で行われることはなく、「このような実践ができるのは“特別な教員”がいたから」という声も上がっていました。

なぜ、性教育が広がらないのか。多忙を極める現場で新たに進めていくことの難しさ、そして授業をすることで叩かれるかもしれないという恐怖や煩わしさなどが挙げられます。公立学校は異動があり、「定着」には厳しさもあります。これに加えて「性の学習」の広がりをさまたげているのが現在の学習指導要領に記載されている、いわゆる「はどめ規定」であり、「科学的に教育する」ことが抜け落ちているところにあります。昨今、性教育の必要性は様々なところで発信され、多くの方が理解していますが、「必要であることはわかってはいるけれど、できない」のが学校の現場です。

定年退職が近づくころ、勤めていた学校で性教育を継続させるにはどのような形で、どう残していけるか私にとっては大きな課題でした。できるだけ長く定着できるよう、あの手この手を使いながら、引き継いでいきました。何より先生方が親しみやすく、取り組みやすい授業にしていくために、どの様な言葉で進めていくか、リアルな子どもたちの声にどう返していくかなどを具体的に示したものが必要でした。本書は学校に性の学習を残したいという一心からつくったものでもあります。本書の原稿を活用しながら先生方に実際に授業を行ってもらい、やりにくかったところをあぶり出してもらいながら進めてきたこともありました。

子どもたちにもれなくこの性の学習を受けてもらうためには、今の日本の教育を変えるしかない、そのためにはおとなに「性の学びの大切さ」を訴えていくことが必要。そんな野心もあり、定年後の再任用を途中でやめ、性教育の必要性を訴えることに残りの人生をかけてみたいと思い、最初に着手したのが本書です。12年間、子どもたちのため実践を一緒につくり上げるために、議論し続けてきた仲間である良 香織さん、田代美江子さん、渡辺大輔さんとともに5年近くかけてつくってきました。原稿が仕上がっても授業をするたびに4人の議論は続き、「もっとこうしたい、ああしたい」とやればやるほど、書き直すことが多くなり、原稿は赤字だらけになっていました。授業には完成はありません。生き物のように進化していくことを実感しながら、何とか出版までたどり着くことができました。この実践本を目の前にいる子どもたちのために、今を生きている子どもたちのためにという気持ちで作成しました。

本書を手に取る方が、さらに創意工夫を凝らしながら実践をつくっていってくださることを祈念しています。

性教育を始めて35年以上。本書の完成にあたって、様々な思いがよみがえります。やはり、一番こころに残っているのは2003年に起こった都立七生養護学校のバッシングにより、思うように性教育が進まなくなった時のことです。私自身も教育委員会に何度か「指導」を受けました。「子どもたちにとって大切なことなのに」「間違ったことは伝えていないのに」「昨日まで一緒に教育委員会も手を取り合ってやってきたのに」と、悔しさと腹立たしさが渦巻いていました。私が学び続けた“人間と性”教育研究協議会（性教協）も苛烈なバッシングに遭いました。性教協の設立者の１人である村瀬幸浩さん自身、身の危険を感じるほど大変だった時期に、私を心配して連絡をくださり、励ましの言葉をたくさんかけていただいたことを思い出します。

そして、私たちが実践してきた2018年の本校へのバッシング。ここでも性教協の仲間をはじめ、学校現場の仲間、地域で性教育を応援してくれた方々、そして足立区教育委員会の皆さんに支えられ、今日まで来ることができました。本書を作成するにあたり、授業を見に来ていただき、ご意見をくださったたくさんの先生方をはじめ、本当に多くの方々に支えられてきたことを改めて感じています。末筆になりますが、エイデル研究所の熊谷 耕さん、岩浪帆乃さんにはたくさんのアイデアを出してくださり、また、何度の書き直しにも快く編集作業をしてくださいました。こころより感謝申し上げます。

最後に、性の学習を受けてくれた生徒の皆さんへ。

この実践は、皆さんのたくさんの意見があってこそ、続けてくることができた「性の学習」です。性の学習を楽しそうに受けてくれる皆さんの様子や、皆さんがくれたたくさんの授業への意見・アドバイスに励まされ、ここまで実践を続けてくることができました。これは、生徒の皆さんとつくり上げてきた実践でもあります。

この場を借りて感謝いたします。

樋上典子

■著者紹介

樋上 典子（ひがみ のりこ）

元公立中学校教諭（保健体育科）。
都立養護学校（現特別支援学校）で9年、足立区内の中学校で30年勤務。生徒の変容を見るのが楽しく、35年間性教育にこだわり、試行錯誤しながら大学の研究者とともに12年間、包括的性教育実践を積み重ねてきた。2021年3月に退職し、現在は、中学校時間講師として勤務する傍ら、関東学院大学非常勤講師として学生に性の学びを届けるなど、性教育を広げる執筆活動、小中高生への講演を積極的に行っている。一般社団法人“人間と性”教育研究協議会事務局長。

艮 香織（うしとら かおり）

宇都宮大学共同教育学部教員、一般社団法人“人間と性”教育研究協議会幹事、『季刊セクシュアリティ』（エイデル研究所）編集委員。専門は、性教育、人権教育。
著書に『性教育はどうして必要なんだろう？――包括的性教育を進めるための50のQ&A』（共編著、大月書店、2018）、『新版　子ども家庭福祉』（共編著、建帛社、2019）、『人間と性の絵本（4-5巻）』（単著、大月書店、2022）などがある。

田代 美江子（たしろ みえこ）

埼玉大学教育学部教員、一般社団法人“人間と性”教育研究協議会代表幹事、『季刊セクシュアリティ』（エイデル研究所）副編集長。
専門は、ジェンダー教育学、近現代日本の性教育史、ジェンダー・セクシュアリティ平等と教育。
著書に『教科書にみる世界の性教育』（共著、かもがわ出版、2018）、『マンガ アイはあるの？〈性〉について考えてみよう、話し合ってみよう』（エイデル研究所、2021）、監修本に『みんなで考えよう！「性」のこと（1～3巻）』（金の星社、2022）などがある。

渡辺 大輔（わたなべ だいすけ）

埼玉大学基盤教育研究センター教員、一般社団法人“人間と性”教育研究協議会幹事、『季刊セクシュアリティ』（エイデル研究所）副編集長。
専門は、教育学、セクシュアリティ教育。
著書・論文に『マンガワークシートで学ぶ多様な性と生』（子どもの未来社、2019）、『性の多様性ってなんだろう？（中学生の質問箱）』（平凡社、2018）、「教育実践学としてのクィア・ペダゴジーの意義」（『クィア・スタディーズをひらく 1』晃洋書房、2019）などがある。

＊このほか、艮、田代、渡辺の共訳で『国際セクシュアリティ教育ガイダンス【改訂版】』（ユネスコ編、浅井春夫、艮 香織、田代美江子、福田和子、渡辺大輔訳、明石書店、2020）がある。

■医学監修

高橋 幸子（たかはし さちこ）

産婦人科専門医、社会医学専門医。埼玉医科大学医療人育成支援センター・地域医学推進センター、埼玉医科大学病院産婦人科で助教を兼担。一般社団法人日本家族計画協会クリニック非常勤医師。
著書に、『サッコ先生と！からだこころ研究所 小学生と考える「性ってなに？」』（リトル・モア、2020 年）などがある。全国の小学校・中学校・高等学校にて性教育の講演活動を多数行う。

思春期の子どもたちに「性の学び」を届けたい！
実践 包括的性教育
『国際セクシュアリティ教育ガイダンス』を活かす

2022年11月3日　初刷発行
2023年 9 月1日　初版第2刷発行

著　　者■樋上　典子、艮　香織、田代　美江子、渡辺　大輔
医学監修■高橋　幸子
発 行 者■大塚　孝喜
発 行 所■株式会社 エイデル研究所
〒102-0073　東京都千代田区九段北4-1-9
TEL. 03-3234-4641／FAX.03-3234-4644
装丁デザイン■有限会社ソースボックス
イラスト■大倉　和隼
本文DTP■大倉　充博
印刷・製本■中央精版印刷株式会社

Printed in Japan ISBN978-4-87168-683-9 C3037
(定価はカバーに表示してあります)

＊本研究は、JSPS科研費JP19H01623の助成をうけたものです。